Das Kochbuch Ronneburger Hügelland

– Zwischen Kinzigtal und Latwerge –

Reiner Erdt

ISBN 978-3-86037-429-0

1. Auflage

Lüchower Straße 13a, 29459 Clenze
Telefon (0 58 44) 97 11 63-0
Telefax (0 58 44) 97 11 63-9
mail@limosa.de, www.limosa.de

Redaktion:
Reiner Erdt

Lektorat:
Doreen Rinke

Satz und Layout:
Zdenko Baticeli, Lena Hermann

Korrektorat:
Ulrike Kauber

Unter Mitarbeit von:
Christin Stade, Britta Arndt

Medienberatung:
Reiner Erdt

Gedruckt in der Europäischen Union.

Bilder Umschlag vorne:
o.l.: *Blick auf Eckartshausen;* ***o.M.:*** *Ronneburger Landfrauen – seit 1986 bereichern sie u.a. mit Tanzvorführungen das örtliche Vereinsleben;* ***o.r.:*** *Panoramaansicht der Ronneburg von Westen;* ***M:*** *Blick vom Pfingstberg auf das Ronneburger Hügelland;* ***u.l.:*** *Obermarkt Blick von der katholischen Peterskirche zur evangelischen Marienkirche in Gelnhausen;* ***u.M.1:*** *Blick zur Kirche am Hessentag 2009 in Langenselbold;* ***u.M.2:*** *Herbert Gerlach im Gespräch mit Friederike Graef beim Backhausfest in Diebach am Haag;* ***u.r.:*** *Der Dorfbrunnen von 1715 – geschmückt zum Osterbrunnenfest in Hüttengesäß*

Bilder Umschlag hinten:
o.l.: *Goldschmiedehaus in Hanau;* ***o.M.1:*** *Die berühmte Ratzmann-Orgel in der evangelischen Bergkirche in Niedergründau wurde 1839 gebaut – Hier finden heute beliebte Orgelkonzerte statt;* ***o.M.2:*** *Reit- und Fahrsport und jährlich stattfindende Turniere locken Besucher und Teilnehmer aus ganz Deutschland an;* ***o.r.:*** *Der Kirchturm in Hüttengesäß von der Südseite;* ***u.l.:*** *Büdingen – Blick vom Marktplatz zur Marienkirche;* ***u.M.1:*** *Eindrucksvolles Ballonglühen am Jugendzentrum – Das Ronneburger Hügelland ist bei Ballonfahrern eine sehr beliebte und abwechslungsreiche Region;* ***u.M.2:*** *Pferdekoppel in Diebach am Haag;* ***u.r.:*** *Marköbel – das Untertor*

Reiner Erdt

DAS KOCHBUCH

RONNEBURGER HÜGELLAND

Zwischen Kinzigtal und Latwerge

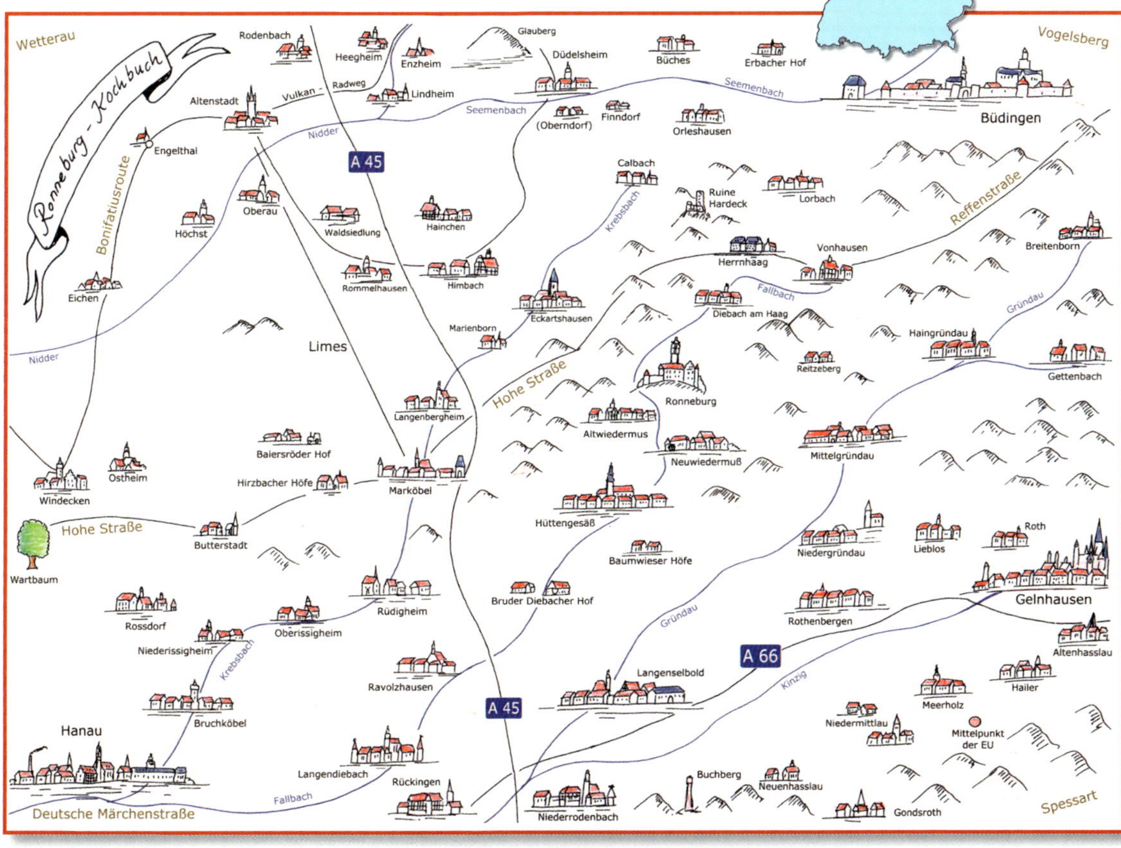

Geschichten und Erzählungen

Blick vom Rödelberg zum Bruderdiebacherhof

Inhaltsverzeichnis

Wenn nicht anders vermerkt, sind alle Rezepte für vier Personen ausgelegt.

Ballonfahrer aus ganz Deutschland treffen sich zu Ostern zum Wettkampf um die »Hessekabb«.

Autor Reiner Erdt …

… Jahrgang 1970, erlernte nach seinem Realschulabschluss in Erlensee bei der Metzgerei Wellert das Fleischerhandwerk und schloss direkt eine Ausbildung zum Koch im Gelnhäuser »Gasthaus zum Löwen« an. Diese zwei regional verbundenen Lehrbetriebe prägten in ihm seine kulinarische Heimattreue. Nach der Bundeswehr kam die Küchenmeisterprüfung an der Hotelfachschule in Heidelberg.

In seinem elterlichen »Gasthaus Zur Krone« in Ronneburg-Hüttengesäß wird seit jeher die hessische Regionalküche hochgehalten. Das Haus ist ein Hessen à la carte-Restaurant, eine Kooperation hessischer Gastronomen, die sich für die Erhaltung heimischer Genüsse einsetzt.

Hier werden regionale Produkte verarbeitet und veredelt – etwa mit Äpfeln des eigenen Apfelweinbergs. In der Hüttengesäßer Wingerte werden unzählige Ideen auf den Tisch gezaubert. Reiner Erdt hat 2006 mit dem Ronneburger Geschichtsverein das »Latwergefest« ins Leben gerufen, dass seitdem wieder zu einem Stück Ronneburger Genusskultur wurde und im Herbst traditionell durchgeführt wird.

Die Südseite der Ronneburg

Küchenmeister Reiner Erdt

Vorwort

In diesem Buch stelle ich Ihnen eine der schönsten Gegenden Hessens vor. Das Ronneburger Hügelland und seine nähere Umgebung. Noch nie zuvor wurde diese Region in einem Bildband so geschlossen beschrieben und durch viele interessante Fotos gemeinsam vorgestellt. Die Ronneburg als historischer Mittelpunkt des Einzugsgebiets, mit den angrenzenden Landschaften Kinzigtal, Wetterau, Spessart und Vogelsberg.

Ich habe alle erwähnten Orte besucht, ihre Sehenswürdigkeiten, Backhäuser und über Jahrhunderte gewachsenen Ortskerne und Besonderheiten fotografiert. Machen Sie sich mit diesem Buch vertraut und lernen auch Sie die schönsten Seiten unserer näheren Heimat kennen – ob in Bildern oder beim Nachkochen der Rezepte.

Dieses Ronneburger Hügelland-Kochbuch stellt Ihnen auch traditionelle Speisen aus den Küchen der Region zwischen Hanau, Gelnhausen und Büdingen vor. Alte Gerichte nachzukochen ist für viele verbunden mit Erinnerungen. Wie es früher nach Plätzchen duftete, wie das ganze Haus bei der Hausschlachtung nach Rauch roch, wie Oma den Hefeteig zubereitete, wie man an den Streuseln genascht hat.

Für das Ronneburg-Kochbuch wurden viele überlieferte Rezepte übernommen und teilweise heutigen Ernährungsgewohnheiten angepasst. Aber auch zahllose aktuelle Lieblingsrezepte der Bürgerinnen und Bürger sind ein interessanter Querschnitt, was den Menschen in unserer Region heute so schmeckt.

Ich hoffe, Ihnen gefällt der lukullische Streifzug durch Heimat, Geschichte und Küche.

Blick auf das Fallbachtal

Heegheim – Evangelische Kirche von 1737

Grußwort des Bürgermeisters

Liebe Leserinnen und Leser,

ich begrüße es außerordentlich, dass aus Anlass der 775-Jahr-Feier Ronneburgs die Initiative unter Federführung von Reiner Erdt ergriffen wurde, dieses kulinarische Heimatkochbuch zu erstellen. Es verbindet traditionelle Kochrezepte mit lebendiger Heimatgeschichte; es ist damit kein Kochbuch im herkömmlichen Sinne, sondern es soll verstanden werden als eine Rezeptsammlung, die unter dem Motto eines kulinarischen Heimatportraits steht. Und das ist das Einzigartige und Besondere an dem »Ronneburger Hügelland Kochbuch«.

Rezepte und Anregungen für gute Speisen der Region zu sammeln und aufzuschreiben, hat eine lange Tradition; schon vor mehr als 3000 Jahren entstanden im Orient die ersten Kochbücher der Welt.

Mit diesem außergewöhnlichen Werk ist es dem Autor hervorragend gelungen, neben der Zusammenstellung der Rezepte auch die heimatgeschichtlichen Bezüge in einer besonderen Art darzustellen. Dafür möchte ich allen Beteiligten, die an der Gestaltung mitgewirkt haben, recht herzlich danken. In diesem Sinne wünsche ich viel Spaß beim Nachkochen der Rezepte und einen guten Appetit!

Heinz Habermann
Bürgermeister der Gemeinde Ronneburg

Gerstenfelder in der Gemarkung »Im Kiemesgrund«

»Kochen ist eine Kunst und keineswegs die unbedeutendste« *(Luciano Pavarotti)*

Ein Heimatkochbuch für die Region zwischen Hanau, Gelnhausen und Büdingen anlässlich des 775. Jubiläums von Ronneburg herauszubringen, ist eine hervorragende und vor allem »köstliche« Idee. Als Landrat des Main-Kinzig-Kreises ist es mir eine besondere Freude, Ihnen diese Sammlung traditioneller Rezepte ans Herz zu legen.

Mit ihrem Kochbuch haben die Ronneburger nicht nur ein kulinarisches Porträt erarbeitet, sondern auch ein Stück Regionalgeschichte lebendig gehalten. Mit dem Schwerpunkt auf liebgewordene Speisen der Region hat der Autor um Rezepte gebeten, die heute in keinem Kochbuch mehr stehen und von Generation zu Generation überliefert wurden.

Das Heimatkochbuch liefert einen sehr guten Überblick über die kulinarischen Genüsse der Region. Neben Rezepten von Suppen, Vorspeisen, Kuchen und Gebäck wird auch Überliefertes präsentiert und an den Schlachttag, Waschtag und an das Backhaus erinnert. Es gelang dem Heimatfreund Reiner Erdt, einen sehr originellen und abwechslungsreichen Sammelband zusammen zu stellen.

Dafür möchte ich mich bei allen an der Entstehung Beteiligten bedanken und den Leserinnen und Lesern wünsche ich viel Spaß beim Nachkochen und einen guten Appetit!

Ihr Landrat des Main Kinzig Kreises
Erich Pipa

Winterstimmung im Schulweg Hüttengesäß

»Ich lebe von einer guten Suppe, nicht von einer schönen Rede«

… so der französische Dramatiker Molière. Dass der Mann mehr als 300 Jahre nach seinem Tod immer noch Recht hat, lässt sich auch daran erkennen, dass Kochen zurzeit zu den beliebtesten Hobbys der Deutschen zählt. Jedes Jahr erscheinen unzählige neue Kochbücher mit tausenden neuen Rezepten. Warum also noch ein weiteres Buch zu diesem Thema? Nun, das Einzigartige an dem Kochbuch, das Sie gerade in ihrer Hand halten, ist, dass neben mehr als 150 leckeren Rezepten auch noch die Landschaft und das Leben der Menschen der Region zwischen Büdingen, Gelnhausen und Hanau gewürdigt werden. Viele Bilder, Anekdoten und Berichte illustrieren das Leben im Dorf zu »Urgroßmutters Zeiten«, vom Schlachtfest bis zur Kartoffelernte. Das vorliegende Buch ist eben nicht nur ein einfaches Koch-, sondern auch ein Heimatbuch.

Passend dazu ist auch die Auswahl der Gerichte, die allesamt von Großmüttern und Urgroßmüttern erprobt worden sind. Von einfachen Suppen über deftige Hausmannskost bis hin zu »edlen Spezereien« wie Kuchen und Gebäck reicht die kulinarische Palette unserer Heimat und lädt uns alle zum Nachkochen ein, am besten natürlich mit hochwertigen Produkten direkt vom Erzeuger. Denn was eignet sich besser für einen leckeren Apfelkuchen als Früchte direkt von den berühmten Wetterauer Streuobstwiesen und welches Bratenfleisch schmeckt besser als das vom heimischen Züchter produzierte?

Ich danke dem Autor, den Fotografen und Rezeptsammlern für dieses gelungene und ansprechende Werk, das die alten kulinarischen Köstlichkeiten so für die nachfolgenden Generationen bewahrt. Nicht nur unsere wunderschöne Landschaft mit ihren historischen Gebäuden und ihren goldenen Feldern lädt zum Genießen ein, sondern auch unsere regionale Küche. In diesem Sinne wünsche ich Ihnen viel Freude bei der Lektüre des Buches und beim Nachkochen der Rezepte.

Guten Appetit wünscht

Joachim Arnold
Landrat des Wetteraukreises

Ich danke ...

... allen Rezepteinsendern, Ideen-, Geschichten- und Bildgebern für die Unterstützung, meinem Restaurantteam für die Geduld und ich danke meinen Eltern für den »wahren Geschmack«.

Bilder:
Dachs, Hans, Frankfurt; Emmrich, Götz, Eckartshausen; Euler, Klaus, Hüttengesäß; Geschichts- und Heimatverein Ronneburg; Gonze, Dieter P.; Fischer, Herbert, Brachttal; Häsler, Axel, Luftbildfotograf, Langenselbold; Heck, Andreas; Heldmann, Hans-Jürgen, Hanau; Hofacker, Klaus, Schöneck; Kornaker, Jürgen, Altwiedermus; Krause, Sascha, Frankfurt; Kretschmer, Gerhard, für die Radlerinitiative Ronneburg; Martin, Gisela, Langenselbold; Mertz, Peter, Maintal; Mandel, Roland, Gelnhausen; Müller, Peter, Freigericht; Obst- und Gartenbauverein Ronneburg; Obst- und Gartenbauverein Diebach am Haag; Reinhart, Walter, Falknerei Ronneburg; Familie Reutzel, Verein für Kultur und Heimatgeschichte Hammersbach; Ronneburg, Burgmuseum; Rott, Günther, Kelterei Muth, Hüttengesäß; Ruppert, Thomas, Eckartshausen; Rupp, Stephanie, Rothenbergen; Ruth, Heinrich, »Bäckerheine« Hüttengesäß; Schäfer, Detlef; Schirm, Nicki, Tierarzt, Geißfurtmühle Langenselbold; Schneider, Hanne, Hüttengesäß; Schüßler, Heike, Neuwiedermuß; Von Berg, Klaus, Gründau; Waitz, Thilo, Neuberg; Walther, Wolfgang; Walther, Kelterei, Bruchköbel; Wilke, Klaus, Hüttengesäß

Rezepte und Geschichten:
Adam, Dieter, von der Band Adam und die Mickys; Arnold, Joachim, Landrat des Wetteraukreises; Arndt, Claudia und Klaus, Hüttengesäß; Adrian, Gisela, Altwiedermus; Allmeritter, Marina und Hermann, Langenselbold; Altmannsperger, Klaus, Hüttengesäß; Barget, Rudolf, Hüttengesäß; Berger, Katie, Amana, USA; Butz, Carsten, Hofladen im Baumwieserhof »Bauer Butz«; Christ, Markus, Pfarrer von Langenbergheim; Dambach, Gudrun, Hüttengesäß; Deckenbach, Armin, Marköbel; Dolejsch, Falk, Florstadt; Dr. Burkhard Freiherr von Dörnberg, Pfarrer von Ober- und Niederissigheim; Ebert, Christa, Linsengericht; Engel, Roswitha, Diebach am Haag; Erdt, Edelgard und Kurt, Hüttengesäß;

In der Burgstraße von Vonhausen – schön saniertes Fachwerkhaus

Eschenbrenner, Heinz, Hüttengesäß; Euler, Gerda und Klaus, Hüttengesäß; Feld, Stefanie, Orenhofen; Fenzl, Praxis für Podologie und Kosmetik, Hüttengesäß; Förster, Elli, Hüttengesäß; Frank, Familie – Ronneburg Apotheke, Langenselbold; Von Gall, Doris, Hüttengesäß; Gerlach, Herbert, Altwiedermus (†); Gerlach, Rilana, Altwiedermus; Göllner, Michael, Bürgermeister von Hammersbach; Graef, Friederike und Ferdinand, Neuwiedermuß; Habermann, Heinz, Bürgermeister von Ronneburg; Heinz, Gudrun, Gelnhausen; Itt, Elke, Hüttengesäß; Jacob, Nicole, Hüttengesäß; Jahnke, Petra, Hüttengesäß; Joh, Angelika, Hüttengesäß; Jung, Renate, Bad Orb; Juth, Margot und Eberhard, Hüttengesäß; Frau Kaldowski, Ronneburg; Kasseckert, Heiko, Langenselbold (Direktor des Planungsverbandes Ballungsraum Frankfurt/Rhein Main, ehemaliger Bürgermeister von Langenselbold); Dr. Keil, Manfred, Sälwedä Schbrochschoul (Langenselbolder Sprachschule) im Verein für Geschichte und Heimatkunde, Langenselbold; Klein, Hugo, Freigericht, Mitglied des Hessischen Land-

Im Chor der Marienkirche von Gelnhausen. 1170 verlieh Kaiser Friedrich I. »Barbarossa« die Stadtrechte und ließ die Kirche zu ihrem heutigen Umfang ausbauen.

Ysenburger Domäne Mittelgründau

tages; Kling, Burkhard, Gelnhausen; Kling, Silke, Altenstadt – Höchst; Klosterbecker, Margit und Helmut, Niedermittlau; Koch, Roland, Ministerpräsident von Hessen; Köditz, Uta, Mühlheim; Köhler, Gisela, Hüttengesäß; Köhler, Katharina, Ravolzhausen; Köhler, Rosi, Hüttengesäß; Kress, Heinrich, Hutten; Kropf, Theda, Hüttengesäß; Kromm, Irmgard, Hüttengesäß; Kromm, Manfred und Irmtraud, Hüttengesäß; Lang, Wilfried, Hüttengesäß; Langer, Christel, Hüttengesäß; Lehr, Horst, Altwiedermus; Löbrich, Günter und Margarete, Hüttengesäß; Ludwig, Adolf, Bürgermeister von Limeshain; Meister, Marie und Hermann, Hüttengesäß; Merz, Heiko, Bürgermeister von Gründau; Momany, Elizabeth, Amana, USA; Müller, Peter, Freigericht; Nanz, Harald, Hüttengesäß; Neubert, Doris und Raik, Hüttengesäß; Niedenthal, Jürgen, Eckartshausen; Nikolai, Wolfgang, Hüttengesäß; Nohr, Inge, Hüttengesäß; Obenhin, Martina, Altwiedermus; Oppen, Brigitte, Hammersbach; Orth, Fritz, Imker in Hüttengesäß; Philippi, Thorsten, Philippi's Backstube, Nidderau; Pipa, Erich, Landrat des Main Kinzig Kreises; Pfeifer, Dorlies, Diebach am Haag; Pohl, Edeltraud, Hüttengesäß; Potthoff, Gertrud, Großkrotzenburg; Reif, Alexandra, Altwiedermus; Rolko, Monika, Hüttengesäß; Rolko, Hanni, Hüttengesäß; Rudel, Reinhold und Gerlinde, Hüttengesäß; Rühl, Fritz, Gasthaus Zum Löwen, Gelnhausen (†); Ruth, Jochen und Weil-Ruth, Nicole, Eckartshausen; Sauer, Klementine, Ronneburger Hof, Altwiedermus; Schäfer, Birgit und Jürgen, Hüttengesäß; Schäfer, Helmut, Hüttengesäß; Schäfer, Inge, Hüttengesäß; Schäfer, Inge Marie, Hüttengesäß; Schejna, Klaus, Bürgermeister von Rodenbach; Schmidt, Jutta, Neuwiedermuß; Schneider, Peter, Hüttengesäß; Schneider, Emmi, Hüttengesäß; Schröder, Iris, Bürgermeisterin von Neuberg; Schubert, Renate, Pfarrerin von Hainchen und Rommelhausen; Schultheiß, Gerhard, Bürgermeister von Nidderau; Simon, Liselotte, Hüttengesäß; Sommer, Ilse, Hüttengesäß; Sommer, Angelina, Andrea und Edwin, Hüttengesäß; Stahl, Margret, Nidderau; Stradal, Helmut, Pfarrer von Hüttengesäß und Neuwiedermuß; Dr. Szanto, Theofil, Arzt u.a. im Dialysezentrum in Langenselbold; Supp, Hannelore, Büdingen; Syguda, Norbert, Bürgermeister von Altenstadt; Dr. Tauber, Peter, Bundestagsmitglied aus Gelnhausen; Trobisch, Eckehart und Annerose, Hüttengesäß; Trumpold, Marlene, Amana, USA; Uhrig, Wilhelm, Neuberg; Ungermann, Albert, Bürgermeister von Linsengericht; Usinger, Norgard, Gründau; Voigt, Käthe, Hüttengesäß (†); Von Gall, Doris, Hüttengesäß; Waitz, Ute und Jürgen, Hüttengesäß; Weisensell, Gabriele, Neuwiedermuß; Weisflog, Martina, Diebach am Haag; Wilke, Ingrid, Hüttengesäß; Wolfgang, Karlheinz, Büdingen; Zemke, Stephanie, Neuses; Frau Zinser, Hüttengesäß

Marienkirche in Hanau

Das Ronneburger Hügelland

»Nun ging ich bei Lerchengesang an der Ronneburg vorbei
durch schöne Wiesen, Täler und Wälder«
Zitat: Ludwig Emil Grimm »Erinnerungen aus meinem Leben« 1820

Schon von weitem grüßt uns ihre markante Silhouette: die Ronneburg – eine der am besten erhaltenen hessischen Burgen des Mittelalters ist Namensgeber einer ländlich geprägten Region zwischen Hanau, Gelnhausen und Büdingen. Als Sicherungsburg der Staufer und später der Ysenburger Herren wurde sie immer weiter ausgebaut, in der Renaissance baulich veredelt, aber auch mehrfach ausgeplündert. Auch Glaubensflüchtlinge fanden hier Zuflucht, wie der berühmte Graf Zinzendorf mit der Herrnhuter Brüdergemeinde, die sich später auf dem Herrnhaag niederließen. Seit jeher zieht die eindrucksvolle Burganlage Maler, Dichter und Romantiker an, die die Burg in ihren Skizzen verewigten. Heute wird die Ronneburg gerne für Filmaufnahmen gebucht, aber auch die stattfindenden Ritterspiele und mittelalterlichen Märkte sind ein touristischer Magnet.

Nolensvolens – in Büdingen erfolgreich seit 2007 – ist eine Theatergruppe mit selbst geschriebenen Erlebnisführungen.

Idyllische Ortschaften und Städte der ehemaligen Ysenburger Grafschaft präsentieren gut erhaltene Fachwerkhäuser und reizvolle hügelige Landschaften zwischen Fallbachtal und Krebsbachtal. Aber auch historische Besonderheiten der näheren Umgebung wie der römische Limes, der keltische Glauberg und die alte Handelsroute Hohe Straße machen unsere nähere Heimat zu einem beliebten Ausflugsziel der Rhein-Main-Metropole. Viele vernetzte Wander- und Radfahrwege der einzelnen Gemeinden führen durch eine weite Landschaft und durch Streuobstwiesen mit zahllosen alten Apfelsorten.
Aber auch unsere »Großstädte« haben allerhand zu bieten: ***Hanau*** – Geburtsstätte der Brüder Grimm und Start der deutschen Märchenstraße mit dem deutschen Puppenmuseum, dem deutschen Goldschmiedehaus und der Schlossanlage Philippsruhe. ***Gelnhausen*** – die stolze Barbarossastadt am Mittelpunkt der EU, mit zwei alten Marktplätzen, der gotischen Marienkirche, der romanischen Kaiserpfalz und den vielen Stadttürmen. ***Büdingen*** – die Stadt und die alte Stadtbefestigung, eine der am besten erhaltenen Bollwerke Deutschlands, mit vielen verwunschenen Gässchen und Fachwerkhäuserzeilen und dem 50er-Jahre-Museum.

Ein Besuch des Ronneburger Hügellandes wird schnell zu einer unvergesslichen Erlebnisreise!

Panoramaansicht der Ronneburg von Westen

Die Kirche in Lindheim gründet sich auf einem eigenartigen Grundriss, da eine frühere Versammlungs- oder Gerichtshalle erst später in das Kirchenschiff eingefügt wurde. Ein freistehender, wehrhafter Kirchturm ist ein schmückendes Wahrzeichen des Ortes.

Brießlaabsuuß (Schnittlauchsoße)

Die kleine, ländliche Schwester der Frankfurter Grünen Soße Brieslaabsuuß gab es früher traditionell an Gründonnerstag. Welchen Etymologischen Ursprung das Wort Brießlaab anstelle der heute gängigen Bezeichnung Schnittlauch hat, ist noch im Dunkeln. Im Holländischen heißt er Bieslook, sehr alte mitteldeutsche Kochbücher sprechen auch vom Brislauch.

Von Dr. Manfred Keil, von der »Sälwedä Schbroochschoul«
Verein für Geschichte und Heimatkunde, Langenselbold

1 dicker Bund Schnittlauch	in kleine Röllchen schneiden und im Haarsieb waschen.
8 Eier (hart gekocht)	würfeln und mit
250 g Quark (40% Fettgehalt)	
200 ml saure Sahne	
200 g Sauerrahm	
½ l Milch	
1 TL Senf	verrühren, eine Marinade herstellen, mit dem Schnittlauch vermischen. Mit
Pfeffer, Salz	abschmecken.

Mit Salzkartoffeln servieren. Diese erfrischende kalte Soße passt auch sehr gut zu gebratenem Fischfilet oder zu gekochtem Rindfleisch.

Evangelisches Pfarrhaus in Langenselbold mit barockem Fachwerk aus dem Jahre 1717

»Wahrzeichen der Hessentage« – das Riesenrad des Hessischen Rundfunks 2009

Es gibt noch eine ältere, sogar warme »Urform« der Brießlaabsuuß:

Von Gudrun Dambach, Hüttengesäß

1 Bund Schnittlauch	in Zentimeterröllchen schneiden und in einem flachen Topf in
2 EL Schweineschmalz	andünsten.
½ l Milch	auffüllen und zum Siedepunkt bringen.
3 Eier	mit
200 g Schmand	und
1 – 2 EL Mehl	glatt rühren, in den Topf geben und zügig emulgieren. Mit
Pfeffer, Salz, Essig	abschmecken und sofort servieren.

Die Soße lässt sich nicht lange warm halten, da sie sonst gerinnt. Am besten mit Salzkartoffeln und gekochten Eiern servieren.

Herbstliche Feldarbeit in Hüttengesäß

Fahrradpause am Heeresberg

Feldsalat mit Champignons und Nüssen

Von Jutta Schmidt, Neuwiedermuß

200 g Feldsalat	putzen, waschen und gut abtropfen lassen.
150 g Champignons	putzen, blättrig schneiden und mit
1 EL Zitronensaft	mischen.

Feldsalat heißt bei uns auch Schmalzkraut.

Das Dressing

1 TL Senf	mit
Salz, Pfeffer	und
1½ EL Balsamico-Essig	in einer Schüssel verrühren. Langsam
2 EL Olivenöl oder Walnussöl	unterrühren. Die Marinade mit dem Feldsalat vorsichtig mischen und auf Tellern anrichten. Wenig
Öl	in einer Pfanne erhitzen und die Pilze bei mittlerer Hitze etwa 3 Minuten anbraten. Die Pilze auf dem Feldsalat verteilen und mit
Walnüsse (gehackt)	sowie
½ Bund Schnittlauch (geschnitten)	bestreut servieren.

Raureif bei der »Bohnebach«

Zinkhans Ihrn Fleischsalat

Von Monika Rolko, Hüttengesäß

Diesen Fleischsalat bereite ich sehr gerne zu, ich erlernte ihn von meinem Opa, Otto Erdt, dem Seniorchef unserer Metzgerei und des Gasthauses. Sein Credo: Das ordentliche und gleichmäßige »Kleinschneiden« ist bei Salaten sehr wichtig – für das Auge und für den Geschmack!

In unseren Dörfern haben alle alten Häuser und Bauernhöfe einen so genannten Hausnamen, der über Generationen unverändert blieb. Manchmal weiß man gar nicht mehr, wie man zu seinem Namen kam. Zinkhans ist der umgangssprachliche Hausname vom Gasthaus Erdt. Ein Großonkel meines Großvaters hieß noch Zinkhan – der Name blieb auf dem Haus, auch wenn seit über 100 Jahren keiner mehr in Hüttengesäß Zinkhan heißt.

400 g Aufschnittwurst (Bierschinken, Lyoner, Fleischwurst, Schinkenwurst, etc.)	erst in Scheiben und dann in gleichmäßige, kleine Würfel schneiden.
250 g Gewürzgurken	ebenfalls würfeln. Dann alles mit
2 TL Senf	
180 g Mayonnaise	und
40 ml saure Sahne	vermischen. Mit
Pfeffer, Salz	abschmecken.

Auf frischem Butterbrot immer wieder eine schöne Erinnerung.

Otto Erdt II. beim Mischen vom Wurstbrät

Putenbrust-Salatteller

Von Norbert Syguda, Bürgermeister von Altenstadt

800 g Putenbrustfilet	Fleisch von Haut und Sehnen befreien und in 2 cm breite Streifen schneiden. Mit
3 EL Sojasoße	
2 EL Zitronensaft	
1 EL flüssiger Honig	
Salz, Pfeffer, Chilipulver	vermischen und marinieren. Mindestens 2 Stunden zugedeckt im Kühlschrank durchziehen lassen.
3 EL Sonnenblumenkerne	ohne Fett in einer Pfanne anrösten.
300 g Mais (aus der Dose)	abtropfen lassen.
1 Eisbergsalat	putzen und in Streifen schneiden.
1 Salatgurke	schälen, längs halbieren, die Kerne ausschaben und in 2 cm große Stücke würfeln.
200 g Cocktailtomaten	halbieren und alle Zutaten in einer großen Schüssel mischen.

Die Salatsoße

3 EL Olivenöl	sowie
1 EL Zitronensaft	
1 TL Weinessig	
2 TL scharfer Senf	vermischen und mit
Salz, Pfeffer, Honig	abschmecken.
1 Bund Schnittlauch	klein schneiden. Das Dressing mit dem Salat mischen, auf Tellern anrichten. Das abgetropfte Fleisch in wenig
Öl	portionsweise etwa 3 Minuten von allen Seiten anbraten und auf den Salattellern anrichten. Mit den Sonnenblumenkernen und dem Schnittlauch garnieren.

Der Wehrturm der Altenstädter St. Nikolaikirche stammt aus dem 15. Jahrhundert.

Herberts Knoblauchsoße

Von Herbert Gerlach (†), Altwiedermus

6 – 8 Knoblauchzehen	schälen, dann mit dem Mörser oder einem Holzstiel und
1 Prise Salz	zu einer Paste verreiben oder zerdrücken.
200 g Schmand	mit
200 ml süße Sahne	verrühren. Nach Beleiben noch
1 Bund Schnittlauch	schneiden, alles zusammengeben und mit
Pfeffer, Salz	sowie dem Saft
½ Zitrone	abschmecken.

Schmeckt hervorragend zu Kartoffeln, Gyros, Weißbrot und zu allem Gegrillten.

Koch- und Wäschekurs für die Mädchen vom Dorf – ausgerichtet im Sälchen vom Gasthaus Erdt

Diebacher Straße in Altwiedermus

Heringssalat

Von Dr. Manfred Keil, von der »Sälwedä Schbroochschoul«
Verein für Geschichte und Heimatkunde, Langenselbold

2 Pck. Matjesfilet	in 2 cm große Stücke schneiden.
5 Eier (hart gekocht)	zusammen mit
2 Gewürzgurken	
1 Apfel	
1 Zwiebel	in Würfel schneiden, mit den Matjesstücken in eine Schüssel geben. Mit
250 g Sahnequark	
200 ml süße Sahne	
200 ml saure Sahne	
200 g Schmand	
125 ml Milch	
3 EL Gurkenbrühe	
1½ TL Salz, 1 TL Zucker	
1 Schuss Öl	sowie
Pfeffer aus der Mühle	vermischen und abschmecken. Vor dem Verzehr 2 Stunden kühlen und durchziehen lassen.

Zum Heringssalat passen ausgezeichnet Pellkartoffeln.

Langenselbold – Nordansicht

Schloss Langenselbold – Durchblick zur Kirche

Vogelsberger Kartoffelsalat

Eine wahre Geschichte, nacherzählt von Horst Lehr, Altwiedermus

In den 1920er Jahren spielte der Altwiedermuser Heinrich Lehr als Musiker auf fast jeder Kerb in der Umgebung – Geige bei Streichmusik sowie Tenorhorn bei der Blasmusik. Die Kerb wurde im jeweiligen Dorf immer vom Wirt ausgerichtet, denn der hatte den Saal und das Bier.

Ihren Lohn mussten sich die Musiker selbst zusammen »zoppen«. Mit 10 Pfennig pro Tanz kamen sie – wenn es gut lief – auf etwa 10 bis 15 Mark. Und ging das Geschäft gut, spendierte der Wirt auch mal das Abendessen für die Kapelle. Wenn das der Fall war, inspizierte der Heinrich Lehr mit einer Ausrede erst einmal die Küche, ob es denn einigermaßen sauber zuging. So auch in einem kleinen Dorf im Vogelsberg, dessen Name leider vergessen wurde.

Als er die Küche betrat, nahm die Oma gerade einen kräftigen Schluck aus der Essigflasche und prustete mit einem lauten Geräusch den Essig über den Kartoffelsalat, den sie gerade bearbeitete. Beim zweiten Schluck fiel ihr Blick auf Heinrich, der mit offenem Mund im Türrahmen stand. Sie setzte die Flasche ab und meinte: »No, moin Bou, do guggste, drei Moiler vuoll, doas ies moi Muoß, do werre prima!«

Beim Abendessen hielt er sich dann mächtig zurück, indem er Leibschmerzen vortäuschte. Trotzdem muss der Kartoffelsalat eine Wucht gewesen sein, denn die Schüssel wurde Ruckzuck geleert und mit Lob für die Köchin wurde auch nicht gespart. »Do hun eich aach moi eichen Rezept, do falliert der nie«, meinte die Oma.

Diebacher Straße in Altwiedermus mit der alten Schule »Türmchen«, die heute Dorfgemeinschaftshaus ist.

Kartoffelsalat (Krumbernsalat)

Zum Kochen von Pellkartoffeln kann man einen Esslöffel Kümmelkörner zugeben, das verbessert das Aroma der »Pellmänner«. Warm oder lauwarm marinierte Salate kann man etwas saftiger »anmachen«, da Kartoffeln oder Nudeln oftmals noch Feuchtigkeit aufnehmen. Manchmal hebe ich zum Schluss 3 bis 4 geachtelte, hart gekochte Eier unter den Salat und lasse die Gurken weg.

Variante 1

Von Martina Weisflog, Diebach am Haag

1½ kg Kartoffeln	waschen und etwa 30 Minuten mit Schale in gesalzenem Wasser kochen. Dann abgießen, mit kaltem Wasser abschrecken und pellen. Wenn die Kartoffeln fast erkaltet sind, in dünne Scheiben schneiden.
2 – 3 Gewürzgurken	in kleine Würfel schneiden und zu den Kartoffeln geben.
1 große Zwiebel	schälen und in kleine Würfel schneiden.
200 g Dörrfleischwürfel	in etwas Öl glasig auslassen, aber nicht bräunen, dann die Zwiebel zugeben und kurz mitschwitzen lassen. Etwa
125 ml Gemüse- oder Fleischbrühe	zugeben, erhitzen und
½ EL Essig	sowie
1 TL Salz	hinzufügen und das Ganze heiß über die Kartoffeln gießen. Kurz mit einem Holzlöffel mischen und durchziehen lassen. Zwischenzeitlich eine Mayonnaise herstellen. Dafür
1 Eigelb	sowie
½ TL Salz, 1 gestr. TL Zucker	
1 EL Essig	und

Das Ronneburger Hügelland in der Rapsblüte

Hof-Idylle in Diebach am Haag

1 geh. TL Senf	mit dem Handrührgerät in einem hohen Gefäß gut verrühren. Beim Rühren nach und nach – ganz langsam
375 ml Sonnenblumenöl	in die Masse rinnen lassen und weiterrühren, bis die Mayonnaise stabil ist und leicht glänzt. Zu den Kartoffeln dazugeben, alles gut vermengen und mit etwas
Pfeffer, Salz	abschmecken.

Dazu passen Frankfurter Würstchen.

Variante 2

Von Günter und Margarethe Löbrich, Hüttengesäß

1½ kg Kartoffeln (festkochend)	waschen, mit der Schale und etwas
Salz, Kümmel	gar kochen, mit etwas kaltem Wasser abschrecken und noch warm pellen. Für das Dressing
200 ml saure Sahne	mit
1 TL Senf	
1 Eigelb	
½ TL Salz	
Pfeffer aus der Mühle	
3 TL Öl	
1 Zwiebel (sehr fein gewürfelt)	sowie einigen Spritzern
Universalwürze	vermengen, über die Kartoffeln geben. Bei Bedarf noch etwa
100 ml Brühe	dazugeben, mit einem Holzlöffel vorsichtig unterheben, abschmecken und durchziehen lassen.

Kartoffelsalat

Kräuterpfannkuchen

Von Ria Erdt, Hüttengesäß

Verrühren Sie immer zuerst die Milch gut mit dem Mehl und geben Sie dann erst die Eier hinzu – der Teig wird glatt und klümpchenfrei.

280 ml Milch	mit
100 – 110 g Mehl	glatt rühren. Danach
4 Eier	zugeben und gut verrühren.
2 EL flüssige Butter	sowie
1 Prise Salz	
1 EL Schnittlauchröllchen	
1 EL Petersilie (gehackt)	zugeben und verrühren. In einer glatten, leichten 28er Pfanne
Öl	erhitzen. Das Öl wieder fast komplett herausgießen und den Pfannkuchenteig in 4 Crêpes ausbacken.
Variante 1	Die Pfannkuchen können verschieden gefüllt werden – etwa mit Champignons, geschmorten Zwiebelwürfeln, Salat, Räucherlachs, Hühnchenbrust oder Schweinerückenstreifen.
Variante 2	Lassen Sie die Kräuter weg, dann ist es ein idealer Crêpe-Teig für süße Rezepte zum Füllen mit Nugatcreme, Marmelade oder Eis.

Schloss Philippsruhe wurde 1725 fertig gestellt, es ist nach einem französischen Vorbild für den Hanauer Grafen Philipp Reinhard errichtet worden.

Krebsbachbrücke in Eckartshausen

Lauwarmer Nudelsalat mit Lauchzwiebeln und Tomaten

Von Elke Itt, Hüttengesäß

3 EL Kräuteressig	mit
1 EL Balsamico-Essig	
Pfeffer, Salz	
1 EL Zucker	und
1 Knoblauchzehe (zerdrückt)	verrühren.
6 EL Olivenöl	unterrühren.
250 g kleine Schleifennudeln	in Salzwasser kochen, abtropfen lassen. Noch warm mit dem Dressing vermischen, die Nudeln darin ziehen lassen.
2 Lauchzwiebeln (Schlotten)	in Ringe schneiden.
250 g Cocktailtomaten	in kleine Würfel schneiden.
250 g Mozzarella	in Würfel schneiden, alles zusammen vermengen und mit
Basilikumblätter (gehackt)	garnieren.

Bei Salatsoßen oder Dressings das Öl zum Schluss unterrühren, damit es den Geschmack der Gewürze nicht umschließt.

Historische Ortsführung – hier erklärt Reiner Erdt am alten Pfarrgarten die Ursprünge des Dorfes.

Bonifatiuskirche in Butterstadt, mit drei Straßen der kleinste Ortsteil von Bruchköbel

Lachstatar

Von Peter Schneider, Hüttengesäß

500 g Lachsfilet mit Haut	eventuell die restlichen Gräten ziehen. Dann das Filet in schönen, dünnen Scheiben von der Haut trennen und in kleine Würfel schneiden, in eine Schüssel geben.
3 EL Olivenöl	dazugeben und gut vermengen. Anschließend den Saft
½ Zitrone	sowie
Dillspitzen (getrocknet)	
2 Eigelb (roh)	zugeben, gut vermengen. Mit
Salz, Pfeffer aus der Mühle	abschmecken.

Auch aus sämtlichen Salmoniden-Fischen (Lachsfischen) herzustellen. Schmeckt sehr gut zu in Öl ausgebackenen Grau- oder Toastbrotscheiben.

Gettenbach

Der mehrfach ausgezeichnete Spielmanns- und Fanfarenzug Ronneburg war schon Deutscher Meister und Europameister.

Taco-Salat mit Käseplätzchen

Von Iris Schröder, Bürgermeisterin von Neuberg

Die Käseplätzchen

150 g Mehl	und
100 g Butter	mit den Fingern zerreiben, so dass eine Bröselmasse entsteht.
200 g Gouda (gerieben)	sowie
200 ml saure Sahne	
1 Prise Salz	hinzufügen und zu einem glatten Teig verkneten. Den Ofen auf 200 °C vorheizen. Teighäufchen mit einem kleinen Löffel auf ein mit Backpapier belegtes Backblech setzen. Mit
3 Eigelb (aufgeschlagen)	bestreichen, mit
100 g Emmentaler (gerieben)	bestreuen. Im Backofen etwa 20 Minuten bei 200 °C goldbraun backen.

Der Salat

500 g Hackfleisch (gemischt)	mit
1 Pck. Taco-Gewürzmischung	nach Packungsanleitung zubereiten und auskühlen lassen.
3 Tomaten	sowie
1 mittelgroße Zwiebel	
½ Salatgurke	
1 Eisbergsalat	schneiden. Die Zutaten mit
300 g Mais (1 Dose)	
400 g Kidneybohnen (1 Dose)	vermischen. Danach
1 Pck. Taco-Chips (Doritos)	darüber schichten. Das Hackfleisch darüber geben und darauf
200 g Käse (gerieben)	verteilen.

Kurz vor dem Verzehr kann man ein French-Dressing über den Salat geben und vermengen.

Rüdigheim – Südliche Ortseinfahrt mit Blick zur Kirche

Spargel-Rhabarbersalat

Von Jutta Schmidt, Neuwiedermuß

4 Stangen roter Rhabarber	abbrausen, putzen und in Scheiben schneiden. Mit
120 g Zucker	und
500 ml Wasser	in einem Topf etwa 1 Minute blanchieren. Dann abgießen, abschrecken und abtropfen lassen.
300 g weißer Spargel	und
300 g grüner Spargel	waschen, den weißen Spargel schälen, den grünen Spargel nur im unteren Drittel schälen. Jede Sorte einzeln in Salzwasser mit
50 g Butter	garen.
200 g Rucolasalat	putzen, abbrausen, trocken schleudern, klein zupfen.
200 g Champignons	abreiben, putzen und in Scheiben schneiden.
4 EL Pinienkerne	ohne Fett in einer Pfanne hellgelb rösten.

Die Salatsoße

4 EL Olivenöl	mit
80 ml Mineralwasser	verquirlen.
2 EL Senf	und
4 EL Honig	einrühren. Das Ganze mit
Salz, Pfeffer aus der Mühle	abschmecken. Zum Schluss Rhabarber, Spargel, Rucola, Champignons und das Dressing in einer Schüssel locker vermengen und mit den Pinienkernen bestreuen.

Blick auf Altwiedermus, links am Bildrand der Burghügel Hardeck, im Hintergrund das Büdinger Land

Ronneburger Radler an der Wasserburg in Rückingen

Gurkensalat

Von Rilana Gerlach, Altwiedermus

2 Salatgurken	schälen und in feine Scheiben schneiden. Mit
200 ml saure Sahne	
1 EL Senf	sowie
1 TL Dill (gehackt)	vermischen. Mit
Salz, Pfeffer aus der Mühle	und etwas
Apfelessig	würzen. Zum Schluss mit
1 TL Zucker	
6 EL Speiseöl	vollenden.

Man schält Gurken immer »von der Blüte zum Stiel«, um eventuell vorhandene Bitterstoffe nicht in die Gurke zu treiben.

Gelnhausen, Marienkirche – Bild vom Luftbildfotografen Axel Häsler

Philipp-Reis-Denkmal in Gelnhausen. Der Gelnhäuser Bäckersohn, der Physiker und Erfinder wurde, erfand 1861 das Telefon. Sogar das Wort »Telefon« in allen Weltsprachen stammt von ihm. Der erste Satz, der durch ein Telefon gesprochen wurde, war: »Das Pferd frisst keinen Gurkensalat.«

Bouillon mit Weckklößen

Eine Deutsch-Amerikanische Kolonie in Iowa mit Wurzeln im Ronneburger Hügelland, baut heute noch stark auf ihre Traditionen der alten Heimat.

Von Marlene Trumpold, Amana, Iowa, USA

500 g Rinderbrust	mit
3 Karotten	
2 Stangen Lauch	
1 kleine Sellerieknolle	und
1 Zwiebel (halbiert, gebräunt)	etwa 3 Stunden langsam gar kochen, dann das Fleisch herausnehmen. Die Brühe durch ein Sieb passieren, nochmals erhitzen und
70 g Grieß	mitkochen. Das Fleisch nach Belieben klein schneiden und als Einlage verwenden.
3 Brötchen (vom Vortag)	fein reiben.
100 ml Milch	leicht erwärmen und über die Brötchen gießen, verkneten und abkühlen lassen.
2 Eier	verschlagen, mit
100 g Butter (kalt)	zum Semmelteig geben, mit
Muskatnuss, Salz	abschmecken. Alles zusammen gut verkneten und ruhen lassen. Mit nassen Händen kleine Klößchen formen, in der siedenden Bouillon köcheln lassen.

Idylle zwischen Eckartshausen und Langenbergheim: Marienborn – einst ein Kloster, heute Staatsdomäne

Grießklößchen

125 g Butter (Zimmertemperatur)	sowie
180 g Grieß	
2 Eier	
1 Prise Salz	mit der Küchenmaschine zu einer geschmeidigen Masse verrühren und etwa 1 Stunde kalt stellen. Danach aus der Masse mit zwei Teelöffeln schöne kleine Nocken abstechen und in
2 l Fleischbrühe (leicht kochend)	garen und ziehen lassen.

Bärlauchcremesuppe

Von Jutta Schmidt, Neuwiedermuß

100 g Bärlauchblätter	in
3 EL Sonnenblumenöl	andünsten.
1 l Gemüsebrühe	zufügen und etwa 30 Minuten leicht köcheln lassen, danach pürieren.
2 Eigelb	mit etwas Wasser verrühren, in die Suppe geben.
6 EL Crème fraîche	unter die Suppe ziehen, nicht mehr kochen lassen. Mit
Salz, Pfeffer aus der Mühle	abschmecken.
2 Scheiben Toastbrot	würfeln, in
6 EL Sonnenblumenöl	zu Croûtons rösten und auf die angerichtete Suppe streuen.

Im nahegelegenen Wald kann man im Frühjahr schöne Bärlauchfelder sehen. Der Bärlauch ist bei uns schon länger beheimatet als der Knoblauch, den brachten erst die Römer mit.

Rinwelsoppe

Diese Milchsuppe ist im ganzen Hessenland bekannt. Im Bergwinkel, der Heimat unserer Mutter, und in der Rhön ist sie unter dem Namen Krempelsuppe sehr beliebt. Man kann die Suppe auch süß abschmecken.

Von Angelika Joh, Hüttengesäß

Schwenkt man den Topf vorher mit kaltem Wasser aus, brennt Milch nicht so leicht an.

1 l Milch	mit
1 Prise Salz	aufkochen.
200 g Mehl	mit
2 Eier	zu einem Streuselteig verkneten, wenn nötig, etwas Wasser dazugeben. Die Klößchenmasse mit Teelöffeln in die Milch einstreuen und 5 Minuten köcheln lassen.

Der Herrenhof in Rückingen, 1564 erbaut

Der Mühlbach an der Geißfurtmühle bei Langenselbold

Vom Petzeloch

»Wann de näit broav bist, kimmste iens Petzeloch« – mit solchen Sprüchen versuchten Großeltern früher ihre Autorität und erzieherische Strenge bei den Enkeln durchzusetzen, obwohl die Kinder oftmals gar nicht wussten, was denn ein Petzeloch eigentlich ist. In Hüttengesäß gab es bis Anfang der 1950er Jahre ein kleines Häuschen, das so genannte Petzeloch, von manchen Älteren auch »Wachthäusi« genannt. Direkt davor war bis zum ersten Kanalbau eine kleine Brücke über den offenen Bachlauf »Weed*«, diesen Übergang nannte man »Wachtbrücke«.

Mitten im historischen Ortskern zwischen Kirche, Rathaus, Pfarrhaus, Backhaus und Schulhaus gelegen, hatte man hier ein Multifunktionsgebäude für allerlei Zwecke gehabt. Das Petzeloch war Standort der Feuerwehrspritze, aber auch Quartier des Nachtwächters, es wurde als Ausnüchterungszelle genauso benutzt und als örtliches Mini-Gefängnis für Landstreicher.

Im Jahre 1809 wurde in diesem Gebäude der Anführer einer bekannten Räuberbande, Johann Martin Ruprecht, drei Tage bei Wasser und Brot gefangen gehalten. Er hatte mit seiner Bande im Hüttengesäßer Wald eine Kutsche überfallen, wobei ein Fuhrmann aus Marköbel zu Tode gekommen war. Das Gericht in Langenselbold veranlasste eine Überführung nach Darmstadt, wo er und seine Komplizen später wegen 11 weiteren schweren Straßenräubereien und 14 Diebstählen zum Tode verurteilt wurden.

Das kleine Fachwerkgebäude musste dem 1955 errichteten neuen »Spritzenhaus« weichen, dessen markanter Holzturm zum Trocknen der Feuerwehrschläuche nun auch ein markantes Wahrzeichen unseres Ortes geworden ist.

**Weed ist eine altdeutsche Bezeichnung für Tränke oder Wasserstelle. Bei uns wird der kleine Bach, der durch den Ort verläuft, Weed genannt.*

Das alte Petzeloch am Pfarrgarten, auch »Wachthäusi« genannt. Hier waren das Spritzenhaus, das Nachtwächterquartier oder sogar das Gefängnis untergebracht.

Rustikaler Linseneintopf

»Ein Linsengericht aus Linsengericht«

Von Bürgermeister Albert Ungermann, Gemeinde Linsengericht

400 g Linsen	über Nacht in kaltem Wasser einweichen, dann abgießen.
150 g Zwiebelwürfel	sowie
150 g Räucherspeckwürfel	mit den Linsen in
20 g Butter	anschwitzen. Den Ansatz mit
2 – 3 EL Tomatenmark	angehen lassen und mit
100 ml Rotwein	ablöschen. Den Rotwein wegreduzieren und etwa
1 l Fleisch- oder Gemüsebrühe	auffüllen, bis die Linsen bedeckt sind. Bei schwacher Hitze etwa 30 Minuten garen.
20 g Mehl	in
20 g Schweineschmalz	bräunen, bis eine dunkle Mehlschwitze entstanden ist. Abkühlen lassen und die Linsen damit abbinden. Sobald die Linsen gar sind,
150 g Gemüsewürfel (Lauch, Karotten, Sellerie)	beigeben und mit
Salz, Pfeffer, Zucker	sowie
Essig	abschmecken.

Dazu passen Kartoffelwürfel, Spätzle oder Saitenwürstchen.

»Glockentürmchen« – die alte Schule von 1777 in Neuenhaßlau

Brauhaus und Wirtschaft von Julius Adler, Langenselbold

Scharfe Kürbissuppe

Von Friederike Graef, Neuwiedermuß

Die Schale des Hokkaidokürbis kann mit verwendet werden. Diese Kürbissorte gibt es übrigens schon seit den 1970er Jahren in unseren Gärten.

1 große Zwiebel	sowie
3 Knoblauchzehen	
1 frisches Ingwerstück (daumengroß)	in
2 EL Butterschmalz	anschmoren. Dann von
1 Hokkaidokürbis (mittelgroß)	die Kerne entfernen. Den Kürbis mit Schale würfeln und die Stücke mitschmoren.
3 EL Gemüsebrühe (Instant)	nach und nach zugeben, mit
2 EL Curry, Pfeffer, Salz	abschmecken.
1½ l Wasser	aufgießen und garen. Sobald der Kürbis weich ist, mit einem Küchenstab pürieren. Mit
2 EL süße Sahne	und
2 EL Schmand	vollenden.

Das ehemalige Gasthaus »Zum Fass« in Rothenbergen. In früheren Zeiten profitierte man von der Durchgangsstraße zwischen Frankfurt, Fulda und Leipzig. 1813 übernachtete Napoleon in dieser Herberge.

Mittelpunkt der EU bei Meerholz

Maronensüppchen

Von Jürgen und Birgit Schäfer, Hüttengesäß

2 Stangen Staudensellerie	sowie
2 Karotten	
1 kleine Zwiebel	putzen, waschen und fein würfeln.
5 frische braune Champignons	trocken abreiben, ebenfalls zerkleinern.
30 g Schinkenwürfel	in einem Topf anbraten.
1 EL Butter	zufügen. Das Gemüse zugeben und kurz andünsten. Dann
200 g geschälte Maronen	
½ Lorbeerblatt	
1 Zweig Thymian	sowie
¼ Knoblauchzehe	beifügen. Mit
2 EL Rotwein	und
½ l Hühnerbrühe	ablöschen und alles 15 Minuten köcheln. Mit
Salz, Pfeffer	abschmecken und weitere 15 Minuten bei geringer Hitze köcheln. Dann die Kräuter entfernen. Die Suppe pürieren und durch ein Sieb streichen.
200 ml süße Sahne	zufügen. Die Suppe nochmals kurz erhitzen, aber nicht mehr kochen.

Geschälte Maronen gibt es fertig verpackt im Handel.

Früheres Bürgermeisteramt von Niedergründau und Standesamt des Gerichts Gründau bis 1894

Omas Geelereube Eintopf

Von Gerlinde und Reinhold Rudel, Hüttengesäß

75 g weiße Bohnen	waschen, in
½ l Wasser	etwa 12 bis 24 Stunden einweichen. Dann im Einweichwasser zum Kochen bringen und etwa 1 Stunde gar kochen lassen.
500 g Schweinebauch (ohne Knochen)	unter fließendem, kaltem Wasser abspülen, trocken tupfen, in Würfel schneiden.
2 EL Öl	erhitzen, das Fleisch unter ständigem Wenden schwach darin bräunen lassen.
2 mittlere Zwiebeln	schälen, würfeln. Kurz bevor das Fleisch genügend gebräunt ist, die Zwiebelwürfel hinzufügen, kurz mit erhitzen. Das Fleisch mit
Salz, Pfeffer	würzen.
750 g Karotten (Geelereube)	sowie
375 g Kartoffeln	putzen, schälen, waschen und in kleine Würfel schneiden. Karotten- und Kartoffelwürfel sowie
375 ml Wasser	hinzufügen, etwa 1 Stunde gar schmoren lassen. Die Bohnen (ohne Flüssigkeit) in den Eintopf geben, nochmals mit
Salz, Pfeffer	und
3 – 6 EL Essig (je nach Geschmack)	abschmecken. Den Eintopf mit
3 EL Petersilie (gehackt)	bestreuen und servieren.

Man kann auch eine Stange Lauch in Ringe geschnitten und 2 geräucherte Mettwürste in Stücke geschnitten 10 Minuten vor Ende der Garzeit zugeben. Dazu reicht man frisches Bauernbrot.

Die evangelische Kirche in Enzheim – die kleinste Kirchengemeinde Hessens hat eine hervorragend sanierte, spätromanische Kirche.

Winterlicher Eintopf mit Steckrüben (Unterirdische)

Von Ingrid Wilke, Hüttengesäß

100 g durchwachsener Speck oder Rinderschinken	in Streifen schneiden und anbraten.
750 g Steckrüben	sowie
150 g Kartoffeln	schälen und auf der groben Seite der Haushaltsreibe raspeln, zum Speck geben.
1 Bund Suppengrün (zerkleinert)	putzen, zerkleinern, dazugeben.
2 Lorbeerblätter	hinzufügen, alles anschwitzen.
1,2 l Gemüsebrühe	auffüllen.
200 g Lauch	putzen und in Ringe schneiden, dazugeben. Zum Kochen bringen und zugedeckt 5 Minuten köcheln lassen.
4 Würstchen (nach Wahl)	in Scheiben schneiden, zum Eintopf geben, noch einmal aufkochen und mit
Pfeffer, Salz	abschmecken.

Es eigenen sich besonders Rindswürstchen, Schweinewürstchen, Landjäger oder Debreciner.

Jährliche Landmaschinenschau auf dem Baiersröderhof

Die Runkelroiweroppmaschin

Mit freundlicher Genehmigung von Dieter Adam von »Adam und die Mickys«

Wohl das bekannteste volkstümliche Lied in unserem Heimatdialekt. In den letzten Jahren stets auf Platz 1 der Unterhaltungs- und Faschingslieder in ganz Hessen. Die CD ist natürlich im Handel erhältlich.

Die Sonne schien vom Himmel und der Himmel der war blau
Ich fuhr mit meine ganz Bagaasch ma in die Wetterau
Der Bauer war am schaffe mit'em Riese Apparat
Ich fragte ihn was mäst'e da und er hat bloss gesagt

Refrain:
Die Runkelroiweroppmaschin die roppt die Roiwe raus,
die roppt die Roiwe raus, die roppt die Roiwe raus,
Die Runkelroiweroppmaschin die roppt die Roiwe raus
Un wenn se all geroppt sin isses Roiwe roppe aus

Mei Fraa die kimmt vom Norden wo mer ziemlich hochdeutsch spricht
Sie hat die Aache uffgeroppt, denn sie verstand es nicht
Sie sprach zum Bauer hörnse mal ich fühle mich verkohlt
Was sagten sie zu meinem Mann und er hat wiederholt

Refrain: ...

Wer's als nochnet verstanne hat von München bis Berlin
Es handelt sich um eine Dickwurz-rupf-aus-erd-maschin
Die Dickwurz fresse Säu un Käu un Gäul mit ihrem Maul
Un wenn se net geroppt wern, wernse allminanner faul

Die Runkelrübenrupfmaschine rupft die Rüben raus,
rupft die Rüben raus, rupft die Rüben raus
und wenn sie all gerupft sind ist das Rübenrupfen aus

Refrain: ...

Blick zur Ronneburg vom Kirchweg gesehen

Erbsensuppe mit Schwämmchen

Aus einem alten Kochbuch von Frau Zinser, Hüttengesäß

1 EL Schweineschmalz	erhitzen und darin
100 g Räucherspeckwürfel	auslassen. Mit
2 l Fleischbrühe	auffüllen.
1 Schinkenknochen	sowie
1 Speckschwarte	
500 g frische Erbsen	dazugeben und aufkochen lassen.
4 Karotten	sowie
1 Stange Lauch	
1 Sellerieknolle	putzen und klein schneiden, dazugeben.
Salz, 1 EL Majoran	und
1 Lorbeerblatt	dazugeben und bei kleiner Hitze etwa 1½ Stunden garen. Anschließend Knochen und Schwarte herausnehmen.

Die Schwämmchen

65 g Butter	verflüssigen.
2 Eier	und
2 Eigelb	unterrühren.
125 g Mehl	hineinsieben und gut verrühren. Mit etwas
Salz, Muskatnuss	und nach Belieben mit etwas
Petersilie (fein gehackt)	abschmecken. Etwa 1 Stunde ruhen lassen.
1 l Wasser	mit
1 EL Salz	zum Kochen bringen und mit einem Teelöffel kleine Nocken abstechen, diese in das siedende Wasser gleiten lassen – 10 Minuten ziehen lassen, damit sich die Schwämmchen stabilisieren, dann zur Erbsensuppe geben.

In unseren angrenzenden Regionen Vogelsberg und Kinzigtal isst man übrigens gerne zu »dicken« Suppen Streuselkuchen oder auch Waffeln.

Raiffeisengebäude Niedergründau – früher in jedem Dorf die örtliche Genossenschaft für Landwirte, Futter- und Getreidehandel sowie Finanzdienstleistungen

Karottencremesuppe

Von Fritz Orth, Hüttengesäß

2 Zwiebeln	schälen und würfeln, in
1 EL Butter	leicht andünsten.
500 g Karotten	putzen und in Scheiben schneiden, zu den Zwiebeln geben.
600 ml Gemüse- oder Fleischbrühe	aufgießen.
1 unbehandelte Orange	die orangene Außenschale fein abreiben, den Saft auspressen und beides zur Suppe geben.
1 TL Ingwer (frisch gerieben)	zugeben, etwa 20 Minuten köcheln lassen, bis die Karotten weich sind. Dann mit dem Zauberstab oder Mixer pürieren. Die Suppe mit
Salz, Pfeffer	und
2 EL Honig	abschmecken. Mit
100 ml süße Sahne	verfeinern.

Frühere Hofreite »Steffes«/Habermann – dieses Haus war einst eine Wirtschaft. Im Jahre 1735 schon wurde eine Konzession für Brauerei und Branntweinbrennerei ausgestellt.

Käse nach Art »Käs-Liesel«

Von Klaus Altmannsperger, Hüttengesäß

1½ kg Magerquark	in ein großes, feines Sieb geben und 2 Tage lang die Molke abtropfen lassen, möglichst im Kühlschrank. Danach den Quark in eine Rührschüssel geben.
1 – 2 TL Salz	sowie
25 g Natron	zugeben und die Masse mit dem Handrührgerät gut verrühren. Dann den Käse in flache Gefäße (z.B. Auflaufformen) verstreichen und in die geglättete Oberfläche mit einer Gabel einige Verzierungen hineinziehen. Nun muss der Käse noch einen Tag im Kühlschrank reifen.

Die Soße	Am besten erst am Tag des Verzehrs – frisch – herstellen.
200 g Joghurt	mit
200 g Schmand	
100 ml süße Sahne	verrühren. Nun mit
Salz, Pfeffer	
Essig	
Speisewürze	würzen und abschmecken.

Dazu Zwiebelwürfel (das ist die so genannte »Musik«), Kümmel, Roggenbrot und Butter – nach jedermanns Vorlieben und Geschmack anbieten. Dazu schmecken Apfelwein oder ein Gespritzter sehr gut.

Landarbeiterhaus in Himbach von 1753 und das örtliche Gemeindewaagenhaus

Die Burg Wonnecken

Handkäs mit Musik

Von Rudolf Barget, Hüttengesäß

> *Wenn die Soße dem einen oder anderen zu dick ist, kann man sie mit etwas Milch verdünnen. Mit Brot und Butter ist das ein Genuss!*

250 g Schmand	mit
250 ml saure Sahne	
125 – 150 ml Öl	und
Weißwein-Balsamico (nach Belieben)	mischen. Mit
1 TL grobes Meersalz	und
1 Prise Pfeffer	würzen, danach mit
1 Schuss Apfelwein	abschmecken und bei Bedarf etwas nachwürzen.
2 – 3 mittlere Zwiebeln	würfeln und in die Soße einrühren.
8 Rollen Handkäse	auseinander nehmen und einzeln in die »Musiksoße« so verteilen, dass sie komplett mit der Soße abgedeckt sind. Dann 24 Stunden in den Kühlschrank stellen und ziehen lassen. Etwa 2 Stunden vor Verzehr aus dem Kühlschrank nehmen und Raumtemperatur annehmen lassen.

Pferde sind auf vielen Feldern anzutreffen, auch die zahlreichen Reiterhöfe sind ein beliebter Zeitvertreib im Ronneburger Land.

Glockenweihe in Hüttengesäß 1971

Malis Kochkäse

Von Rosi Köhler, Hüttengesäß

1 Rolle Handkäse	in grobe Würfel schneiden und mit
4 EL Kaffeesahne	in einer Schüssel ins heiße Wasserbad stellen. Wenn alles richtig verlaufen ist, vom Wasserbad nehmen.
500 g Matte (Magerquark)	und
1 TL Natron	hinzugeben. Alles gut verrühren und wieder auf das Wasserbad stellen, bis alles verlaufen ist. Nun vom Dampf nehmen und weiterrühren, bis die Masse erkaltet ist.
100 g flüssige Butter	unterrühren. Zum Schluss
1 Eigelb	dazugeben und mit
Salz, Kümmel	abschmecken.

Natriumhydrogencarbonat – landläufig Natron – früher Soda genannt, ist ein sehr vielseitiges Haushaltsmittel zur Reinigung und Konservierung, aber auch für Kochkäse, fruchtige Brausen oder zur Farberhaltung von gekochtem Gemüse und wurde schon im Altertum eingesetzt.

Hüttengesäßer Apfelweinberge

Hailer – das alte »Läuthäusi« am früheren Westeingang des Dorfes. Die Kanzel dieser ehemaligen Kapelle steht heute in der Marienkirche in Büdingen. Das Gebäude war unter anderem auch Apfelweinkelterei oder örtliches Spritzenhaus.

Handkäs-Carpaccio

Von Rudolf Barget, Hüttengesäß

4 einzelne Rollen Handkäse (gut durch)	in etwa 2 mm starke Scheiben schneiden und leicht gefächert auf eine Keramikplatte verteilen. Mit
Salz, Pfeffer (weiß)	(nicht zu viel) würzen.
1 – 2 mittlere Zwiebeln	klein würfeln und über das Käse-Carpaccio verteilen. Danach
100 ml Öl	darüber verteilen und anschließend
8 – 10 EL Weißwein-Balsamico	mit einem Esslöffel darüber träufeln. Etwa 30 Minuten ziehen lassen, dann mit
Petersilie (fein gehackt)	bestreuen.

Mit Butterbrot servieren.

Fachwerkhaus in der Ringstraße in Hüttengesäß

Blick über die Kinzigbrücke nach Rückingen

Das Schlachtfest

Erinnerungen von Otto Erdt und Ilse Sommer, Hüttengesäß

Im Vergleich zu heute hatte die Hausschlachtung früher einen sehr hohen Stellenwert, war doch die ländliche Versorgung von Fleisch einzig und allein durch selbst aufgezogene Schweine und Rinder, Geflügel, Kaninchen, Ziegen und Schafe gewährleistet.

Im Herbst, wenn die Schweine gemästet waren, wurde geschlachtet. Alles Geschirr, das man dazu brauchte, wurde beim Hausmetzger geholt. Am Tage vor der Schlachtung bestellte der Bauer einen Fleischbeschauer, der die Lebendbeschau vornahm. Der Kessel in der Waschküche, der ja auch zum Wäschewaschen oder für die Latwerge gebraucht wurde, musste zum Kochen des Fleisches und der Wurst gut gesäubert werden. Das Schwein wurde geschlachtet, das Blut für die Blutwurst musste schnell gerührt werden, damit es langsam auskühlte, sonst wurde es flockig und dick. Das Tier wurde dann in einem großen Trog mit heißem Wasser überbrüht, damit es von den Borsten befreit werden konnte. Das Brühwasser wurde oft mit ein paar Löffeln Soda oder Imi (Seifenpulver) etwas geschmeidig gemacht. Kräftige Männer hängten das Schwein an einen Haken in der Hauswand. Dafür wurde ein Schnaps rumgereicht: »Wenn die Sau am Haken hängt, wird erst mal einer eingeschenkt.«

Presskopf und Dörrfleisch in der Räucherkammer

Der Metzger nahm das Schwein aus, spaltete es mit seinem großen Beil in zwei Teile und zerlegte es in die Teilstücke. Dann bekamen die Frauen Arbeit, denn das Fett musste ausgelassen werden. Man hat ja früher alles mit diesem Fett gemacht und war stolz, wenn viele Töpfe damit gefüllt werden konnten. Daran sah man, dass das Schwein gut gemästet war. Die Därme wurden gewendet und mehrfach gereinigt. In die Därme wurde später die Wurst gefüllt.

Der Metzger richtete Bratenstücke, Koteletts, Schinken, Dörrfleisch und Speckstücke. Der Rest kam dann in die Wurst, zum Teil von rohem und gekochtem Fleisch. Man freute sich, wenn viele Stangen, die auf zwei Stühlen lagen, voll mit Wurst hingen. Die Rotwurst (Mettwurst oder Cervelatwurst) musste erst lange trocknen und umröten, bevor sie geräuchert wurde. Ihr wurde zudem oft etwas Rindfleisch zugefügt. Blut- und Leberwurst sowie Schwartenmagen wurden im großen Kessel gekocht und kamen dann gleich in die Räucherkammer. Zum Schlachtfest wurde auch die Verwandtschaft zum Abendessen eingeladen. Da gab es meistens Sauerkraut, in dem große Fleischstücke gekocht wurden. Dazu gab es den schwarzen Brei (Rezept Seite 50) zu dem die frische Wurst probiert wurde. Die Brühe, in der die Wurst gekocht wurde, war die Wurstsuppe, die in der Nachbarschaft verteilt wurde.

Die Gaudi kam natürlich bei einem Schlachtfest auch nicht zu kurz, so kam es immer wieder mal vor, dass man jemandem das begehrte »Säuschwänzi« unbemerkt anhängte, um ihn damit zu ärgern. Oder man veräppelte die Kinder, indem man sie fortschickte, um irgendwelche sinnlosen Gegenstände zu holen, die es gar nicht gibt – etwa die Schwartenmagenpresse, den Kümmelspalter, das Gelenkbuch oder die Wurstschablone. Die Kinder wurden dann zu einem anderen Bauern geschickt – meist am anderen Ende des Ortes und bekamen etwa einen Stein eingepackt, den sie Unwissenderweise nach Hause trugen und zum Amüsement der Gesellschaft beitrugen.

Die Bauern sicherten sich übrigens bei der Schlachtung immer den Schweinenabel, damit konnte man das ganze Jahr über quietschende Türen und Scharniere schmieren oder auch die Kufen für Schlitten im Winter einfetten.

Wohl die älteste Ronneburger Wurstfüllmaschine aus dem Hause Neidhardt, genannt »Kasper's«

Schwarzer Brei

Schwarzer Brei wird auch Schwarze Brüh' genannt und durfte beim Schlachtfest nicht fehlen. Bei uns war Tante Bettchen für die Zubereitung zuständig. Der Brei musste lange und schonend kochen, damit er schön dunkel wurde. Das Rühren war ganz wichtig, damit er nicht anbrannte.

Von Ilse Sommer, Hüttengesäß

150 g Mehl	trocken in einer großen Pfanne rösten.
1 – 2 Scheiben Schwarzbrot	in
Fleischbrühe	einweichen, dann durch ein Sieb streichen und mit
300 ml Schweineblut	verrühren. Nun zum gerösteten Mehl geben und mit
1 l Wurstsuppe	auffüllen, weiterhin gut rühren, damit das Blut langsam abbindet. Nach Belieben mit
Majoran, Piment, Nelken (gemahlen)	abschmecken.

Wenn der Brei besonders gut werden sollte, musste von Hausmacher Wurst noch ordentlich Füllsel dazugegeben werden, das war dann besonders lecker. Dazu wurde die frisch gekochte Leber- und Blutwurst probiert.

Schwarzer Brei oder auch Schwarze Brühe

Ein »Heeseholz« benötigten die Hausmetzger ganz früher zum Aufhängen eines Schweines an den Hinterbeinen. Die Haxe wird auch heute noch als Heese bezeichnet.

Zwiebel-Apfel-Schmalz

Von Familie Carsten Butz, Hofladen »Baumwieser Hof«

500 g Schweineflomen (Nierenstollen)	in Würfel schneiden, langsam in einem Bräter bei geringer Hitze auslassen (Vorsicht: Verbrennungsgefahr, Fett kann spritzen). Das Fett auf Wunsch durch ein Haarsieb seihen und wieder auf die Kochstelle stellen.
3 große Zwiebeln	schälen, in Würfel schneiden und zum ausgelassenen Fett geben. Die Zwiebeln bei höherer Temperatur anbräunen lassen.
3 Äpfel	schälen, entkernen, ebenfalls würfeln und zum Fett dazugeben. Etwa 10 Minuten in der Resthitze garen lassen. Mit
Salz, Pfeffer, Majoran	würzen und in einen Steinguttopf geben. Gut auskühlen lassen.

Schmeckt hervorragend auf frischem Bauernbrot (Rezept S. 155). Schmalz oder auch Griebenfett gehörte früher zum ländlichen »Energievorrat für den Winter«. Man hatte so für die kalte Jahreszeit immer einen passenden Brotaufstrich.

Blick in die Mainebene mit dem Kohlekraftwerk Staudinger – im Vordergrund gut erkennbar der Baumwieserhof

Der Baumwieserhof zählt zu den ältesten landwirtschaftlichen Gutshöfen im Ronneburger Land. Die Baugeschichte dieses Gutshofes beginnt im 13. Jahrhundert, als Zisterziensermönche den Bau von drei Gutshöfen durchführten.

Vogelsberger Beulches (für 6 Portionen)

Etwas für die kalte Jahreszeit: Beulches kommt übrigens von Beutel – man verwendet bei der Zubereitung Leinensäckchen. Man bekommt Leinensäckchen auch als Gewebedärme bei manchen Metzgereien. Sind keine Leinensäckchen vorhanden, kann die Kartoffel-Pökelfleischmasse auch in eine gebutterte Glas- oder Backform gegeben werden und bei 190 °C etwa eine Stunde im Backofen gebacken werden. Wichtig dabei – Butterflöckchen und etwas Öl auf die Masse geben und dann erst in den Backofen.

Von Norbert Syguda, Bürgermeister von Altenstadt

1 kg Kartoffeln	schälen und – am besten mit einer Küchenmaschine – fein reiben.
1 kg Pökelfleisch	würfeln.
4 Eier	sowie etwas
Paniermehl	und
Pfeffer, Salz	zugeben, alle Zutaten mischen und in Leinensäckchen (etwa 10 x 30 cm) füllen. Rund 1¼ Stunde in Salzwasser kochen. Leinensäckchen abschrecken, aufschneiden, auf Tellern anrichten und mit Dörrfleisch-Zwiebelsoße servieren.

Die Dörrfleisch-Zwiebelsoße

300 g Dörrfleischwürfel	ohne Fett in die Pfanne geben, auslassen.
2 große Zwiebeln	würfeln und im ausgelassenen Fett goldbraun braten. Mit etwas
Weißwein	ablöschen und mit
Pfeffer, Salz	abschmecken.

Beulchesreste am nächsten Tag in Scheiben schneiden und in Butter braten – schmeckt auch sehr gut.

Weihnachtlicher Blick auf den Untermarkt in Gelnhausen

Kartoffelgratin

Von Helmut Stradal, Pfarrer von Hüttengesäß und Neuwiedermuß

8 mittelgroße Kartoffeln (vorwiegend festkochend)	schälen und in dünne Scheiben reiben oder schneiden. Mit
Pfeffer, Salz	und nach Belieben mit
Kräuter der Provence	würzen. So in eine Auflaufform geben, dass die Kartoffelscheiben nicht aneinander kleben und etwa 5 bis 6 cm hoch liegen. Eine Schicht aus
Emmentaler (gerieben)	überstreuen und dann
100 – 150 ml süße Sahne	übergießen, bis die Kartoffeln einigermaßen feucht sind. Das Gratin bei 180 °C etwa 40 bis 50 Minuten backen.

Geeignet für 4 Personen als Beilage oder 2 Personen als Hauptgericht. Ein trockener Weißwein passt sehr gut dazu.

Blick zur Hüttengesäßer Kirche

Hüttengesäßer Kirche – Altarraum und die barocke Kanzel von 1718

Kartoffelpfannkuchen (Kadoffelpannekouche)

Von Marie Meister, Hüttengesäß

1½ kg Kartoffeln (festkochend)	waschen, schälen und reiben. Zum Abtropfen auf ein Sieb geben.
2 mittlere Zwiebeln	schälen, fein würfeln und mit den Kartoffeln in einer Schüssel vermengen.
2 EL Mehl	sowie
2 Eier	hinzugeben, mit
Pfeffer, Salz	abschmecken. Jeweils mit einer Kelle Teighäufchen in eine Pfanne mit heißem Öl geben und beidseitig goldbraun backen. Noch kurz auf einem Küchenkrepp absetzen und servieren. Dazu – je nach Belieben
600 ml saure Sahne oder 600 g Apfelbrei	reichen.

Davon kann man unzählige Ableitungen machen, zum Beispiel mit Räucherlachs oder Schinken.

Landwirt Hermann Meister erklärt den Kindern im Ronneburger Schulgarten das »Kartoffelstecken«.

Reiner Erdt und Frau Scheuerle moderieren einen amüsanten Kochwettbewerb um das Thema »Kartoffelpuffer« – mit dem hessischen Bauernpräsidenten, der hessischen Milchkönigin und der Landesvorsitzenden der hessischen Landfrauen.

Weiße Soße zu Klößen

Von Stephanie Zemke, Neuses

2 mittlere Zwiebeln	in Ringe schneiden und in
50 g Margarine	dünsten. Je nach gewünschter Soßenmenge
2 EL Mehl	hinzufügen, mitschwitzen und mit etwas
Milch	sämig rühren, kurz aufkochen und vom Herd nehmen. Dann mit
400 g saure Sahne	auffüllen, bis die gewünschte Konsistenz erreicht ist. Mit
Salz, Pfeffer aus der Mühle	abschmecken.

Passt gut zu Kartoffelklößen.

Herzoginkartoffeln

Von Adolf Ludwig, Bürgermeister von Limeshain

750 g Kartoffeln	schälen, kochen, heiß durch die Kartoffelpresse drücken.
50 g Butter	und
3 Eigelb	unterrühren, mit
Salz, Pfeffer, Muskat	würzen.
	Die Masse in einen Spritzbeutel mit Sterntülle füllen und große, gleichmäßige Rosetten auf ein mit Backpapier ausgelegtes Blech spritzen. Im Backofen bei 250 °C etwa 5 bis 10 Minuten schön goldgelb backen.

Passt gut zur Schweinefiletrolle mit Bärlauchfüllung (Rezept S. 97).

Sehenswerte Fachwerkhäuser in Himbach

Kartoffelgemüse »Brutsch«

Dieses Gericht hat viele Liebhaber. Manche jedoch, die das Gesicht bei diesem Essen verziehen, ziehen dann eine »Brutsch«.

Von Marina Allmeritter, Langenselbold

1 kg Kartoffeln (mehlig kochend)	in kleine Würfel oder Scheiben schneiden und in Wasser mit etwas
Gemüsebrühe, Salz	sowie
4 Lorbeerblättern	kochen. Kurz vor Ende der Garzeit falls nötig etwas Wasser abschütten und
Gewürzgurkenfond	sowie
Essig, Pfeffer	
Cayenne-Pfeffer	zugeben.
1 mittlere Zwiebel	schneiden, in
Öl	leicht anbraten,
Hausmacher Wurst (geräuchert) oder Mettwurst (geräuchert)	in kleine Würfel schneiden, dazugeben.
Knoblauch	hinzugeben und kurz mitbraten. Dann alles zu den Kartoffeln geben.
saure Sahne	zufügen, vorsichtig unterrühren und noch kurz durchziehen lassen.
Gewürzgurken	in sehr kleine Würfel schneiden und vor dem Servieren dazugeben. Mit
Petersilie (gehackt)	verfeinern.

Der Buchbergturm bei Langenselbold – 150 Stufen Aufstieg, die sich immer lohnen.

Kartoffelluft (für 6 Personen)

Von Theda Kropf, Hüttengesäß

20 g Hefe	mit
2 EL Zucker	in
200 ml Milch (lauwarm)	auflösen, gehen lassen.
500 g Kartoffeln (vom Vortag, gekocht)	auf einer feinen Reibe reiben, mit
3 – 4 Eier	und
1 gestr. TL Salz	zu einem mittelfesten Teig verarbeiten. Den Teig 1 Stunde gut aufgehen lassen, dann mit einem Esslöffel ausstechen und zum Ausbacken direkt in heißes
Fett	geben – nicht zu rasch ausbacken. Sofort in
Zucker	wälzen und noch warm zu
Apfelmus	essen.

Die Kartoffelluft schmeckt auch kalt sehr gut.
Hefeteig »geht« am liebsten in Ruhe bei etwa 20 bis 25 °C.
Eine Prise Zucker ist eine gute Nahrung für die Hefe.

Kartoffeln im »Kroppe«

Die elektrische Bratpfanne

Mein ehemaliger Chef, Fritz Rühl, aus dem Gasthaus Zum Löwen in Gelnhausen, erlernte – wie auch ich – vor der Kochlehre den Beruf des Metzgers. Sein Lehrbetrieb war eine kleine Gelnhäuser Metzgerei. Morgens ganz früh im Dunkeln ging der Arbeitstag los, bis es abends wieder dunkel war. Zum Tagewerk in solch einem kleinen Handwerksbetrieb gehörten alle Dinge, die Haus und Hof betrafen, vom Viehfüttern, Fleischaustragen, Wurstmachen bis zur Apfelernte war man mit der Familie und der Arbeit verbunden. So erfuhr man auch alle familiären Zusammenhänge hautnah.

So bekam er auch die »Verlobung« des Juniorchefs mit einem Mädchen aus Hüttengesäß mit. Fritz hatte die Dame noch vor Augen – ein paar Jahre älter als er, groß gewachsen, dunkle Haare, gut aussehend und sehr freundlich – sie sah aus wie die Filmschauspielerin Marianne Koch. Unter den Geschenken zur Verlobung war ein ganz besonderes dabei: Eine moderne Pfanne »für elektrisches Kochen«, die für einen Haushalt der 1950er Jahre eine sehr fortschrittliche Sache war.

Naja, wie das Leben so spielt, die Verlobung wurde irgendwann leider aufgelöst und das Paar ging getrennte Wege. Eines Morgens, Fritz war gerade mit den Metzgern am Wurstfüllen, ging die Tür zur kleinen Wurstküche auf und eine ältere, große, kräftige Frau trat herein und sagte ohne Begrüßung in sehr ernstem Ton: »Ich komm aus Hüttegesäß gelaafe unn will sofuort moi elektrisch Bratpann widder hawwe!« Alle wussten, dass es sich dabei um das besondere Verlobungsgeschenk handelte. Fritz blieb erschrocken hinter der Wurstfüllmaschine stehen. Einer eilte ins Haus und holte das gute Stück, damit die Frau, die wohl eine Tante der »Ex-Verlobten« gewesen war, wieder nach Hause laufen konnte. Kommentarlos ging sie damit nach Hause. Die Männer arbeiteten – leicht verängstigt – wieder weiter.

Fritz hörte seitdem viele Jahre nichts mehr von dem Dorf Hüttengesäß. Bis ich eines Tages – etwa 30 Jahre später, in Gelnhausen anrief und sagte »Ich komme aus Hüttengesäß, habe bisher Metzger gelernt und möchte nun gerne bei Ihnen Koch lernen«. Mein Chef sagte mir später – dass er in diesem Moment sofort wieder an die strenge Tante der Verlobten denken musste und an die »elektrisch Bratpann«. Anfangs scherzte er öfters und fragte, ob wir denn in Hüttengesäß auch elektrische Bratpfannen hätten. Später wurde ich dann in die Geschichte eingeweiht.

Wir in unserer Stadt Gelnhaußen des

Der älteste Metzger-Gesellenbrief der Region vom 6. Juli 1782 hängt im Gasthaus Zum Löwen in Gelnhausen.

Kartoffelschalert

Von Armin Deckenbach

400 g Kartoffeln	waschen, schälen und reiben.
1 mittlere Zwiebel	schneiden und mit
500 g Speck- oder Dörrfleischwürfel	andünsten.
6 – 8 Brötchen	in Wasser einweichen, danach ausdrücken. Nun die Kartoffelmasse, Speck, Zwiebel, Brötchen sowie
12 Eier	
250 g Mehl	zu einer Masse verrühren. Mit
Salz, Pfeffer, Muskatnuss	würzen. Die Masse in eine feuerfeste Auflaufform geben und 50 Minuten im Backofen bei 180 bis 200 °C knusprig backen.

Dazu serviert man Birnenstücke oder Apfelmus.

Südportal der Evangelischen Marienkirche in Gelnhausen. Die Kirche gründet sich auf einer Vorgängerkapelle des Klosters Selbold um 1120.

Frisch geschlüpfte Küken

Forellenfilets auf Kartoffelpfannkuchen

Von Gerhard Schultheiß, Bürgermeister von Nidderau und leidenschaftlicher Sportfischer

1 kg Kartoffeln	waschen, schälen, reiben. Dann
Salz, Pfeffer, Muskat	
2 Eier	und etwas
Mehl	dazugeben. Mit dem Schneebesen zu einem Teig vermischen. In einer Pfanne
Öl	erhitzen und Kartoffelpuffer ausbacken, warm stellen.
1 Bund Schnittlauch	klein schneiden und mit
200 g Schmand	
200 ml saure Sahne	
Pfeffer, Salz	sowie
1 Spritzer Zitronensaft	vermischen und zur Seite stellen.
8 geräucherte Forellenfilets	von den Gräten lösen, Haut entfernen. Pfannkuchen auf vorgewärmten Tellern anrichten, mit den Forellen und Kräuterschmand vollenden. Als Dekoration
Salatblätter	und
Tomatenscheiben	aufsetzen.

Dieses Rezept funktioniert genauso gut mit Räucherlachs

Die Wetterau hat sehr ertragreiche Böden. Sie gehört zu den ältesten Kulturlandschaften Deutschlands, hier bei Nidderau-Ostheim.

Gefüllte Klöße mit Lauchsoße

Von Martina Obenhin, Altwiedermus

Die Klöße

1½ kg Kartoffeln (mehlig kochend)	in ein Gefäß mit kaltem Wasser reiben, durch ein Tuch abtropfen lassen und fest ausdrücken.
250 ml Milch	mit
1 Prise Salz	und
60 g Butter	aufkochen.
125 g Grieß	einlaufen lasen und abrühren, bis sich ein Kloß bildet, den gekochten Grieß noch heiß in die Kartoffelmasse einarbeiten. Mit
Salz, Muskat	abschmecken. Klöße formen, aber noch nicht abdrehen, denn es kommt noch die Füllung hinein.

Die Füllung

500 g Mett	mit
1 Ei	und
1 mittlere Zwiebel (fein gewürfelt)	vermengen. Mit
Pfeffer, Salz	und
Majoran	abschmecken und in kleinen Bällchen in die Klöße einrollen. Die Klöße gut verschlossen rollen, in kochendes, gesalzenes Wasser einlegen und abgedeckt etwa 20 Minuten ziehen lassen.

Die Lauchsoße

500 g Lauch	in etwa 1 cm lange Stücke schneiden.
50 g Bauchspeck	würfeln oder in Streifen schneiden und in
2 EL ÖL	anbraten. Den Lauch kurz mitschwitzen, dann mit
2 EL Mehl	bestäuben.
½ l Fleischbrühe	auffüllen, aufkochen und mit
Pfeffer, Salz, Kümmel	abschmecken. Abschließend
100 g Schmand	unterziehen.

Probieren Sie anstelle von Majoran gern Bärlauch – das ist auch lecker.

Pommes – selbst gemacht

Von Marie Meister, Hüttengesäß

750 g große Kartoffeln	waschen, schälen und mit einem Pommes frites-Schneider oder einem scharfen Messer in Stifte schneiden. Gut abtrocknen. In einer Fritteuse ausreichend
Frittierfett	auf 150 °C erhitzen und die Kartoffeln portionsweise etwa 4 Minuten vorbacken, nicht bräunen. Abschütteln und abkühlen lassen. Kurz vor Verzehr noch einmal im 180 °C heißen Fett etwa drei Minuten bräunen. Dann in ein Sieb geben und mit
Salz	sowie nach Belieben mit
Paprika	durchschütteln.

Beim Frittierfett sollte man auf eine gute Qualität achten. Früher verwendete man zum Frittieren oftmals Rindernierenfett.

Pommes Frites-Maschine aus den 1950er Jahren

Landfrauen von Ronneburg vor dem alten Pfarrhaus beim Brunnenfest

Reibekuchen mit Sauerkraut

Von Frau Kaldowski, Ronneburg

100 g Sauerkraut	abtropfen lassen, ausdrücken, klein schneiden und in eine große Schüssel geben.
5 – 6 mittelgroße Kartoffeln	waschen, schälen, reiben und zum Sauerkraut geben.
1 großen Apfel	schälen, ebenfalls reiben. Mit
2 EL Haferflocken	
1 EL Mehl	
2 Eier	sowie
1 EL Petersilie (gehackt)	vermischen und mit
Salz, Pfeffer, Majoran	abschmecken. Danach in
Öl oder Schmalz	kross ausbacken.

Der Dip

200 g Schmand	in eine Schüssel geben.
½ Bund Schnittlauch	klein schneiden und zum Schmand geben.
1 Knoblauchzehe	zerdrücken, unterrühren. Danach mit
Pfeffer, Salz	abschmecken.

Gleitschirmflieger an der Ronneburg

Das Kirchenschiff der Rüdigheimer Kirche – Blick zur Empore

Sauerkraut – Eine traditionelle Vitamin C-Bombe für die kalte Jahreszeit

Erinnerungen von Ilse Sommer, Hüttengesäß

Der Großvater meines Mannes, Heinrich Sommer, geboren im Jahr 1867, hatte eine manuelle Krauthobelmaschine, die auf einem hölzernen Dreibein stand. Im Herbst, wenn das Weißkraut geerntet war, wurde er gerufen und ging mit diesem Krauthobel von Haus zu Haus zum Kraut-»Einschneiden«. Früher ging ja alles nur zu Fuß und so marschierte er mit seinem »Krautmaschinchen« auf dem Rücken in viele Häuser, ja sogar bis ins Nachbardorf Neuwiedermuß zum Kraut-Einschneiden. Dieses Amt habe ich dann später übernommen. Ich habe diesen Hobel jedoch mit einem Gummikarren transportiert und war immer froh über Hilfe beim Ab- und Aufladen, denn das Gerät war nicht leicht.

Große Holztröge oder Fässer standen bereit, um mit Sauerkraut gefüllt zu werden. Bei großen Familien wurden viele Weidenkörbe (Maane) voll gehobelt, die dann

Krautschneider von Ilse Sommer

mit Salz und Lorbeerblättern eingestampft wurden. Zuerst wurde der Strunk mit einem runden Messer ausgestochen, dann ging das Schneiden los. Mit einer Handkurbel wurde das runde Schwungmesser in Gang gesetzt, welches sich dann schnell drehte. Eine große »Maane« voll kostete übrigens 50 Pfennig.

Symbol für Pfennig

Den »Krautschtamper« – eine große Holzkeule zum Stampfen, musste man natürlich auch dabei haben. Diese Keule war wohl schon einige Generationen in Betrieb. Damit wurde so lange gestampft, bis das austretende Wasser über dem geschnittenen Kraut stand. Dann kamen Holzbretter drauf, die genau für den jeweiligen Holzzuber zurechtgeschnitten waren. Zum Schluss wurde das Sauerkraut, mit einem großen Stein beschwert, im kühlen Keller eingelagert. Nach einiger Zeit war das Kraut durchsäuert und es konnte gekocht werden. Sauerkraut wird in unserer Region sehr gerne gegessen, früher gab es dazu gesalzenes (in Lake eingelegtes) Fleisch. Heute gibt es meistens Rippchen oder Eisbein dazu. Rohes Sauerkraut schmeckt auch gut zur Bohnensuppe. Der alte Hobel und der Krautschtamper stehen heute noch bei uns auf dem Boden. Sauerkraut ist übrigens kalorienarm und reich an Vitamin A, B, C und K sowie Milchsäure.

Winterliches Panorama des Ronneburger Hügellandes

Die Langenselbolder Kirche – Grundsteinlegung durch Graf Wolfgang Ernst zu Isenburg im Mai 1727

Quarkkäulchen

Von Annerose Trobisch, Hüttengesäß (Senioren-Schwimmweltmeisterin)

650 g Kartoffeln (vom Vortag, gekocht)	reiben und mit
200 g Mehl	vermengen. Mit
500 g Quark	
50 g Zucker	
Salz	
Korinthen (oder kleine Rosinen, nach Belieben)	
2 – 3 Eier	sowie der abgeriebenen Schale
1 Zitrone	zu einem Teig verkneten. Den Teig zu einem Brot formen und 1 bis 2 cm dicke Scheiben abschneiden. Mit den Händen zu »Käulchen« klopfen und in heißem
Fett	auf beiden Seiten goldbraun braten. Mit
Zucker, Zimt	bestreuen und mit
Apfelmus	servieren.

Die Beschaffenheit des Teiges hängt vom Wassergehalt des Quarks und der Kartoffeln ab, gegebenenfalls ist die Mehlzugabe etwas zu ändern.

Blick zur Kirche in Langendiebach – ehemaliger Wehrturm mit Grundmauern von 1232, Kirchenschiff von 1860

Stampfkartoffeln mit Buttermilch

Von Silke Kling, Altenstadt/Höchst

Die Kartoffelmasse

1 – 1½ kg Kartoffeln	waschen, schälen, in Stücke schneiden und in Salzwasser garen. In der Zwischenzeit
2 – 3 Scheiben Mischbrot	in Würfel schneiden, in etwa
60 g Butter oder Margarine	braun rösten. Die Kartoffeln abgießen, stampfen und die gerösteten Brotwürfel darauf geben. Nun
50 – 100 ml Milch	darüber gießen und gut durchrühren.

Die Buttermilchmasse

3 EL Mehl	mit
250 ml Milch (kalt)	klümpchenfrei verrühren. Mit
1½ l Buttermilch	unter Rühren aufkochen. Etwa
3 EL Zucker (nach Belieben)	zum Süßen verwenden und abkühlen lassen. Die kalte Buttermilch zur gestampften Kartoffelmasse reichen.

Am besten bereits am Vortag die Buttermilchmasse zubereiten.
Auch sehr lecker: eingekochte Birnenstücke anstatt Buttermilch.

Blick auf Höchst mit Kirche und Schloss Günderrode. Die Schlossherren waren gut bekannt mit dem künstlerischen Freundeskreis der Savigny – *siehe Seite 99*

»Kartoffelschtumper« für Püree und Stampfkartoffeln, aber auch für Sauerkraut

Boijoon – Lauchgemüse mit Frikadellen

Lauch wird bei uns Boijoon, Borjon oder auch Burjon genannt – je nachdem, wen man fragt. Es ist wohl eine Verstümmelung des französischen Wortes poireau.

Von Dr. Manfred Keil, von der »Sälwedä Schbroochschoul«
Verein für Geschichte und Heimatkunde, Langenselbold

Das Lauchgemüse

1 kg Lauch (Boijoon)	Wurzeln abschneiden, äußere Blätter und oberes Grün entfernen. Stangen in 2 cm lange Stücke schneiden, waschen und in
2 EL Öl	kurz andünsten, dann mit
125 ml Wasser	auffüllen. Den Lauch etwa 20 bis 30 Minuten im geschlossenen Topf gar dünsten.
150 ml Milch	mit
1 EL Mehl	verrühren, zum Lauchgemüse geben, mit
Salz, Pfeffer, Muskatnuss	abschmecken und mit
1 EL Schmand	sowie
4 EL Petersilie (gehackt)	verfeinern. Das Gemüse mit den Frikadellen anrichten.

Die Frikadellen

1 Brötchen	in Wasser einweichen, danach ausdrücken und mit
500 g Hackfleisch (gemischt)	
2 Eier	
2 EL Zwiebelwürfel	sowie
Salz, Pfeffer	verkneten und Frikadellen formen. In
Öl	beidseitig schön ausbacken.

Dazu passen Salzkartoffeln.

Schöne Hofreite – frühere Bezeichnung für ein bäuerliches Anwesen – in der »Roten Hohl«

Dämpfkraut (Dempkraut)

Von Doris von Gall, Hüttengesäß

1 Kopf Weißkraut	möglichst fein hobeln, mit etwas
Salz	bestreuen und durchkneten, bis Saft austritt. Zur Seite stellen.
200 g Bauchspeckwürfel	in der Pfanne auslassen.
2 mittlere Zwiebeln	würfeln, in die Pfanne geben, leicht dünsten. Das Kraut dazugeben.
½ l Gemüsebrühe (Instant)	nach und nach zufügen.
1 EL Kümmel (ganz)	zugeben und köcheln lassen. Das Kraut sollte noch Biss haben. Zum Schluss mit
Salz, Zucker, Pfeffer	
Essig	abschmecken.

Hervorragend geeignet für Bratwurst, Pökelgerichte oder Schweinebraten.

Charolais-Rinder am Fuße der Ronneburg

Blick über Hüttengesäß in Richtung Waldrode zum Franzosenkopf

Gelbe Kohlräbchen mit Frikadellen

Von Heiko Kasseckert, Direktor des Planungsverbandes Ballungsraum Frankfurt/Rhein-Main, Langenselbolder Bürgermeister von 1996 bis 2008

Die Frikadellchen

1 Brötchen (vom Vortag)	in kaltem Wasser einweichen.
1 Bund Petersilie	2 Stiele zupfen, zur Seite stellen, den Rest fein hacken.
600 g Hackfleisch (gemischt)	mit dem ausgedrückten Brötchen, mit der Hälfte der gehackten Petersilie sowie mit
1 Ei	und
3 EL Zwiebelwürfel	verkneten. Mit
Salz, Pfeffer, Majoran	
Paprika (edelsüß)	abschmecken und Frikadellen formen.

Das Kollerawegemüs

800 g Kohlrüben (gelbe Kohlräbchen)	sowie
750 g Karotten	

Obermarkt Gelnhausen

1 kg Kartoffeln	
4 Zwiebeln	schälen und in Würfel schneiden.
100 g durchwachsener Speck	würfeln und in
2 EL Öl	anbraten, herausnehmen. Zwiebeln, Gemüse und Kartoffeln im Bratfett andünsten. Anschließend
1 l Gemüsebrühe	
Pfeffer (gemahlen)	und
1 EL Zucker	zufügen. Zugedeckt etwa 20 Minuten schmoren lassen.

Die Zusammenstellung

2 EL Öl	erhitzen und die Frikadellen darin braten. Die Hälfte des Gemüses aus der Brühe nehmen, den Rest in der Brühe zerstampfen. Gemüse, Speck und die andere Hälfte der gehackten Petersilie unter das zerstampfte Gemüse heben. Nochmals mit
Salz, Pfeffer, Zucker	abschmecken. Das Gemüse auf einer Platte anrichten und die Frikadellen darauf verteilen. Mit abgezupften Petersilienblättern dekorieren.

Die so genannten »Kollerawe« werden auch unterirdische Kohlrabi genannt.

Blick vom Kirchweg Richtung Gründau

Der Falkner Walter Reinhart und sein Gefährte

Gurkengemüse

Von Pfarrer Markus Christ, Langenbergheim

4 – 6 ausgewachsene, große, gelbe Gurken	schälen, bitter schmeckende Teile unbedingt entfernen, Kerne ausschaben, die Gurkenteile in grobe Stücke schneiden. Mit
Salz	überstreuen und etwas durchziehen lassen.
175 g Schinkenspeck	würfeln und in einem Topf kräftig anbraten.
1 kleine Zwiebel	würfeln, etwas später dazugeben und glasig dünsten. Die Gurken haben zwischenzeitlich Wasser gezogen – Gurken mit dem Wasser dazugeben, gar schmoren. Dann mit
Zucker, Salz, Pfeffer	
Essig	abschmecken und zum Schluss mit
Mehl	binden.

Dazu reicht man Salzkartoffeln.

Die evangelische Kirche in Langenbergheim – der einheitliche Ysenburger Kirchenbaustil ist überall in der Region präsent.

Die Bürgy-Orgel von 1790 mit dem Ysenburger Wappen in der Kirche von Langenbergheim

Kohlrabischnitzel

Von Jutta Schmidt, Neuwiedermuß

2 Kohlrabi	schälen und in etwa 1 cm dicke Scheiben schneiden.
1 Ei	in einem tiefen Teller mit der abgeriebenen Schale
1 Zitrone	und etwas
Salz, Pfeffer aus der Mühle	verquirlen.
100 g Paniermehl	in einen zweiten tiefen Teller geben. Die Kohlrabischeiben zuerst in der Eimasse und dann im Paniermehl wenden und die Panade gut andrücken.
Öl	in einer Pfanne erhitzen. Die Kohlrabischeiben bei mittlerer Hitze goldbraun braten.

Ein Rohkostsalat und Kartoffelpüree oder Pellkartoffeln mit Meerrettichsoße passen sehr gut dazu.

Blick auf Neuwiedermuß

Ortseinfahrt Neuwiedermuß

Das Dorfkino

Nach Erinnerungen von Ernst Semantke und Horst Lehr

Als es noch keine Fernseher gab, waren die kleinen Dorfkinos – oftmals eingerichtet in Nebenräumen und Sälen von Gaststätten – eine sehr beliebte Möglichkeit der Unterhaltung. Man traf sich und konnte so ein Stück Fernweh genießen mit Leinwandstreifen der frühen 1950er Jahre. So auch bei uns geschehen durch den »Kino-Ernst«, der heute noch unter diesem Namen jedem bekannt ist:

Im Dezember 1946 kam Ernst Semantke aus der Kriegsgefangenschaft in die hiesige Gegend und arbeitete mit seinen Kameraden Otto Groh und Erich Pitsch auf dem Flugplatz von Langendiebach. Herr Semantke erfuhr von der Eröffnung eines Kinos in Hüttengesäß im Gasthaus Zur Krone. Er bewarb sich als Vorführer und wurde sofort eingestellt. Die »Kronen-Lichtspiele« wurden dann im März 1948 eröffnet. Einer der ersten Filme war »Der verkaufte Großvater«. Die Leute von Altwiedermus, Neuwiedermuß und Hüttengesäß strömten nur so ins Kino, der Andrang war gewaltig. Die Plätze kosteten 60 bis 80 Pfennige, ein Sperrsitz kostete 1 Mark. Besonders die älteren Leute waren erstaunt über die Technik der Filmdarbietungen. So war auch die »Steffe Triene« mal zu Besuch im Kino. Als in einem Film die Kühe über die Weide liefen, rief sie: »Ach Ihr Leut – wie komme dann die Keuh do nuff?«

Sonntag nachmittags lief ein Film für die Kinder, die Eintrittskarte kostete 50 Pfennig, so hatten die Kinder sonntags eine schöne Unterhaltung. Da viele Leute ins Kino kamen, gab es zwei Vorstellungen, um 19 Uhr und um 21 Uhr. Freitags und sonntags lief der gleiche Film, dienstags und samstags liefen Krimis oder Western. Die großen Schauspieler waren nun auch auf den Dörfern im Ronneburger Hügelland bekannt, wie etwa Heinz Rühmann,

Vor dem Gasthaus »Zur Krone« 1922

Hans Albers, Dieter Borsche, Ruth Leuwerik oder Lilo Pulver. Sogar »Die Sünderin« mit Hildegard Knef wurde gezeigt, da mussten Frauen und Männer jedoch getrennt sitzen. Oft musste man eine ganze Stunde anstehen, um eine Karte zu bekommen. Oben am Saaleingang stand der »Kino-Heine« als Kartenabreißer, dafür bekam er immer einen Platz in der ersten Reihe. Viele soziale Kontakte wurden in dieser Zeit geknüpft – nach der Vorstellung zogen die Buben und Mädchen bei ihrem Nachhauseweg auf die »Rennbahn« – die Straße vom Friedhof bis zum Marköbeler Wald, manchmal auch, um die ersten vorsichtigen »Flirt- und Knutschversuche« zu starten.

Da vor der Währungsreform und auch danach wenig Heizmaterial vorhanden war, brachten die Besucher je einen Scheit Holz mit, so konnte man gut heizen und es war schön warm. Im Mai 1950 kam dann noch ein weiteres Kino in Marköbel hinzu und das Team vom »Kino-Ernst« musste zwischen den zwei Orten hin- und herpendeln. Wenn in Hüttengesäß die Wochenschau lief, dann lief in Marköbel Reklame und ein Kulturfilm, so wurde ein paarmal hin- und hergefahren und das Filmmaterial ausgetauscht. Später kam dann das Fernsehen und dafür immer weniger Kinobesucher, somit wurden im April 1964 die »Kronen-Lichtspiele« eingestellt.

Der Saal Erdt geschmückt für die Dorfkerb in den 1920er Jahren

Krause Glucke – gebacken

Von Peter Schneider, Hüttengesäß

1 Krause Glucke	in fingerdicke Scheiben schneiden und säubern. In
150 g Mehl	wenden.
2 Eier	mit
Salz, Pfeffer, Dillspitzen	verschlagen und die Pilzscheiben durchziehen. In
150 g Paniermehl	vorsichtig wenden und in einer Pfanne mit reichlich
Öl (heiß)	goldgelb ausbacken. Aus der Pfanne nehmen und auf einem Küchenkrepp kurz abtropfen lassen. Mit ein paar Spritzern
Speisewürze	oder
Sojasoße	würzen und noch warm verzehren.

Krause Glucke wird auch Fette Henne oder Blumenkohlpilz genannt. Dieser Pilz ist unter anderem bei Kiefern oder in Wäldern mit sandigen Böden zu finden.

Saure Bohnen

Von Karin Bichler, Hüttengesäß

5 kg grüne Bohnen	waschen und schnippeln. Mit
350 g Salz	
100 g Zucker	in einen Steintopf geben und stampfen, bis sich Brühe gebildet hat. Ein nasses Leinentuch drauflegen und mit einem Stein beschweren. Kühl stellen und den Stein sowie das Tuch einmal pro Woche abwaschen. Die Bohnen müssen immer mit Lake bedeckt sein. Gegebenenfalls müsste abgekochtes Salzwasser nachgegossen werden.

Gekocht vielseitig verwendbar mit Kartoffeln, gekochtem Pökelfleisch oder Rippchen.

Saure Bohnen, mit dem »Bohnenschnippeler« selbst gemacht

Zucchini-Ragout

Von Gudrun Heinz, Gelnhausen

750 g Zucchini	und
500 g Kartoffeln (geschält)	in etwa 1 cm große Würfel schneiden.
250 g Gemüsezwiebeln	in Ringe schneiden und alles zusammen in
50 g Margarine	andünsten. Dann mit
1 EL Mehl	bestäuben und mit
½ l Brühe	zugedeckt etwa 12 bis 15 Minuten garen – nicht zu weich – ab und zu umrühren.
6 Wiener Würstchen	in Scheiben schneiden und während der letzten 5 Minuten im Ragout heiß werden lassen.
1 Eigelb	mit
125 ml süße Sahne	verrühren und das Ragout damit legieren. Mit
Salz, Pfeffer, Senf	abschmecken und mit
1 Bund Schnittlauch (in Röllchen)	verfeinern.

Liaison – eine Legierung – eine Bindung mit Eigelb und Sahne. Nach dem Abbinden sollten diese Soßen nur vorsichtig warm gehalten werden. Das Ragout schmeckt auch sehr gut als vegetarische Variante mit Cocktailtomaten.

Die Kaiserpfalz von Friedrich I., genannt »Barbarossa« ist eine der ältesten Pfalzanlagen Deutschlands: eine eindrucksvolle romanische Wasserburg.

Selleriepüree

Von Hermann Allmeritter, Langenselbold

150 g Sellerie (geschält)	in Würfel schneiden und schnell in
½ l Wasser	mit dem Saft
½ Zitrone	einlegen, damit er weiß bleibt.
400 ml Wasser	mit
½ TL Vitamin C-Pulver	und
1 Prise Salz	aufkochen und den Sellerie hineingeben, gar kochen. Dann abgießen und durch eine Spätzle- oder Kartoffelpresse drücken – am besten mit einem Tuch ausgelegt, damit der Saft aufgenommen wird. Das noch warme Gemüse nun in der Küchenmaschine mit
50 g Butterwürfel (kalt)	fein pürieren. Dann gut mit
Salz	abschmecken und zum Servieren in einem Stieltopf rührend erwärmen.

Besonders schön sieht das Püree aus, wenn es mit einem Spritzbeutel und einer Sterntülle auf den Teller gebracht wird. Passt gut zu Wildgerichten, zum Beispiel zum »Rücken vom Spessartreh« (Rezept S. 122).

Vonhausen – die alte Schule an der Reffenstraße, die zum Netzwerk der alten Handelsroute »Hohe Straße« gehörte.

Kirche und altes Rathaus in Bruchköbel

Spinatpastete

Von Friederike Graef, Neuwiedermuß

750 g Hackfleisch (gemischt)	mit
1 Zwiebel (gewürfelt)	und
5 Knoblauchzehen (gehackt)	in
2 EL Butterschmalz oder Margarine	anbraten. Mit
Kräuter der Provence	würzen, zur Seite stellen und abkühlen lassen.
1 Zwiebel (gewürfelt)	in
1 EL Butterschmalz oder Margarine	andünsten.
500 g Blattspinat (aufgetaut)	zugeben, gar dünsten und danach abkühlen lassen.
200 g Gouda (gerieben)	etwa ein Viertel davon zur Seite stellen, den Rest mit dem Hackfleisch, dem Spinat und
200 g Schmand	sowie
1 Ei	in eine große Schüssel geben, gut vermischen und mit
Pfeffer, Salz	abschmecken.
1 Pck. Blätterteig	auftauen lassen und auf einem Backpapier flach ausrollen, mit etwas
Eiklar	zu einem Rechteck zusammenkleben. Die Spinat-Hack-Füllung darauf verteilen, zu einer Roulade zusammenrollen, den Schluss ebenfalls mit Eiklar verkleben. Die Roulade mit
Eigelb	bestreichen und den Rest vom Gouda darüberstreuen. Bei 175 °C etwa 1 Stunde backen.

Gehackter Knoblauch lässt sich mit einer Prise Salz leicht zu Paste verreiben.

Hexenturm von Windecken

Krautnudeln

Nach Art ungarischer Krautflecken – Alföldi – Káposztás Tészta

Von Dr. Theofil Szanto, Dialysezentrum Langenselbold

1 Kopf Weißkraut (750 g)	vierteln und mit einer Reibe oder in der Küchenmaschine zerkleinern. Danach mit
2 EL Salz	würzen, kurz durchmischen und 30 Minuten zur Seite stellen. Den Saft des Krauts nun gut auspressen und das Kraut in einem Topf mit
1 – 2 EL Schmalz oder Margarine	goldbraun andünsten.
1 TL Zucker	zugeben, kurz karamellisieren lassen, nicht rösten.
500 – 600 g Nudeln (Schleifen oder Farfalle)	in gesalzenem Wasser kochen und noch »mit Biss« auf ein Sieb gießen, unter das Kraut rühren. Mit
Pfeffer aus der Mühle	vollenden und servieren.

Panoramaansicht der Kirchstraße – Hüttengesäß

Spiegelung im Forellenteich am Fuße der Ronneburg

Lothringer Nudelauflauf

Das Rezept hat Lisa Sommer aus dem Schwarzwald nach Hüttengesäß gebracht und der Auflauf wird immer gerne gegessen.

Von Edwin Sommer, Hüttengesäß

2 mittlere Zwiebeln	hacken und gemeinsam mit
500 g Hackfleisch (gemischt)	anbraten. Mit
Pfeffer, Salz, Thymian	würzen und mit
200 ml Rotwein	ablöschen.
8 EL Tomatenmark	zugeben.
500 g Nudeln (Spiralen- oder Bandnudeln)	kochen. Danach alles zusammen vermischen und in eine Auflaufform geben.
200 ml saure Sahne	hinzufügen und mit
100 g Käse (gerieben)	bestreuen. Im Backofen bei 160 bis 175 °C (Umluft) etwa 20 bis 30 Minuten backen, bis der Käse schön knackig ist. Zwischenzeitlich
1 Bund Petersilie	fein hacken und den Auflauf zum Schluss damit bestreuen.

Dazu frischen grünen Blattsalat reichen.

Historische Kirchturmführung mit Klaus Euler über den Dächern von Hüttengesäß

Nudeluffloaf met Tomadesuuß unn groine Seload (Fier sechs Leut)

Von Roswitha Engel, Diebach am Haag

Des woarsch ierschde »auswärdisch« Gericht, woas moi Moamme sealwer gekoacht huot un woas aich suu voere iwwernomme hunn aus de fuffzicher Juhrn. Moi Geet huot deas aus de Kochschoul i-en Gealhause met gebroocht. Es soi alles su Cirga- Oogoawe, weil e ganaa Rezept hunn aich dodevoo näit – alles ausem Lameng.

1 Puond Makkaroninudeln (500 g)	wern zwaa muoll durchgebroache unn noch Fierschrift gekoacht, oabgeschitt unn i-enere Saije oabloafe luoasse.
300 g ruuhe Schingkespeack	wern in kloane Wirfel geschnirre. Met gekochte Schingke gitt's aach, schmegt oawer näit suu hierzhaft. E Uffloafform wird met
3 EL Magkrine	ausgestriche unn die Nudel unn die Schingkebröggelchen wern i-en die Form geschicht unn als ewerschdes met Nudel oabgeschloasse.
6 Ajer	wern sesoamme met
1 Puond Dickmelch	geklebbert, bis es e »homogene Masse« i-ess. Deas Goanze wird dann iwwer die Nudel vedaahlt geschitt unn doodriwwer wird
E Händsche vuoll Weckmehl	geschtraat, nooch Geschmack, unn doodruff wern
200 g Buodderflöggelchen	(owwer Magkrine) gemoacht, suu, doas deas om End e schie Kruosde gewwe doht. Däi Form kimmt doann i-enn de Backowe unn wird bei 200 °C Ower- unn Unnerhitz baald 1 Stuonn gebagge, bi-es es owedruff schie brou i-es. Doann wird aus de Zoudoade
80 g Magkrine	met
100 g Meahl	e Meahlschwietze geriehrt unn met

Diebach am Haag – Ortsmittelpunkt – im Hintergrund die alte Schule von 1739

E Tuwe Tomademoark owwer e Päggelche passierde Tomade	
Päeffer, Saalz, Pabrigapuolver, Gemoisbroih	wäi mehr suu moant (nach Geschmack) e schie Tomadesuuß gekoacht.
2 Kepp Koppseload	beleäse, wäsche unn die Seloadkräuder
Dell, Prißlaab, Pedersillje, Zitronekraut, Borasch, Zwiwwelschluodde	wearn aach beleäse, dodenoach gewesche unn kloagehaggt unn met de Gewirze
Päeffer, Saalz	unn
Sauernrahm	
Essisch unn Eele	e Seloadsuuß gemoacht. Unn en »goure Abbedit«!

Frau Engels Oma hat für Salatsoße immer diesen Spruch gehabt: »Nomm Ele wäi en Verschwender, Essisch wäi en Geizhals, Saalz wäi en Weise, Zugger wäi en flüchdiche Gedangke unn schiddel doas goanze wäi en Narr!«

Herrnhaag – 1738 von Graf Zinzendorf und der Herrnhuter Brüdergemeinde gegründet.

Bruchköbel – Fachwerkfigur »Wilder Mann«

Der Ronneburger Fledermauskeller

Eine fast unheimliche Geschichte von Horst Lehr, Altwiedermus

Was für die Kids heute die Computerspiele bedeuten, war für uns früher – mit selbst gebastelten Säbeln und Gewehren – »Soldätches« zu spielen. Um uns richtig auszutoben, stromerten wir fast jeden Tag durch das Gestrüpp um die Ronneburg. Wenn wir Glück hatten und die Türe offen war, ging es natürlich im Burghof weiter, denn damals war in der Burg noch nichts verschlossen, ein Riesen-Abenteuerspielplatz eben. Außer dem »Fledermauskeller«, der war immer mit einem großen Vorhängeschloss gesichert.

Einmal konnten wir kurz reinschauen, mit dem Ergebnis, dass uns die Fledermäuse um die Ohren flogen. Trotzdem – unsere Neugierde war geweckt und unser erster Gang galt fortan immer zuerst dem Fledermauskeller, um zu sehen, ob wir wieder mal rein könnten. Eines Tages war es dann soweit, es war offen! Jetzt nichts wie hinein. Es war stockdunkel. Doch – da wir ja heimlich rauchten – hatte einer von uns Streichhölzer in der Tasche. Eine breite Treppe führte nach unten in die Dunkelheit. Langsam tasteten wir uns vorwärts, wir erkannten gerade noch Regale an den Wänden, dann war das Streichholz abgebrannt und wir standen wieder im Dunkeln. Uns wurde ganz mulmig, denn wir hatten ja auch »Schiss« vor den Fledermäusen – die könnten sich in unseren Haaren verfangen und lauter so Geschichten.

Als das nächste Streichholz aufflammte wären wir am liebsten gleich wieder nach oben gerannt. Das was wir sahen, konnten wir nicht glauben – richtige menschliche Wesen saßen dort in Einmachgläsern. Die unmöglichsten Gedanken flogen durch unsere Köpfe, denn Menschen, die so klein waren und dann noch in »Weck-Gläsern« – das konnten wir nirgends einordnen. Wie ein Lauffeuer sprach es sich herum und jeder wollte die »i-engemoachte Ki-en« sehen!

Es dauerte eine Weile, bis sich die Sache aufklärte: Um einer Bombenzerstörung im Zweiten Weltkrieg zu entgehen, hatte das Senckenbergmuseum Frankfurt seine wertvollen historischen Sammlungen und Präparate aufs Land ausgelagert, unter anderem auch im Ronneburger Fledermauskeller. Später wurden die Exponate wieder ins Museum gebracht. Heute ist das Senckenbergmuseum das zweitgrößte deutsche Naturkundemuseum.

Blick aus dem Bergfried der Ronneburg über den Ronneburger Hof, die Gemeinde Ronneburg bis hin zur Skyline von Frankfurt am Horizont

Semmelknödel

Von Liselotte Simon, Hüttengesäß

10 Brötchen (vom Vortag)	feinblättrig schneiden und mit etwa
400 – 500 ml Milch (warm)	übergießen, mit etwas
Salz	würzen und ziehen lassen.
1 TL feine Zwiebelwürfel	sowie
1 EL gehackte Petersilie	in
50 g Butter	andünsten, zur Semmelmasse geben.
3 Eier	zufügen und zu einem nicht allzu festen Teig verarbeiten, bei Bedarf etwas
Mehl	einstreuen und abschmecken. Mit nassen Händen gleichmäßige Knödel formen, gut geschlossen abdrehen, damit sie nicht aufgehen. In leicht gesalzenes, kochendes Wasser einlegen. Nach dem Aufkochen Deckel aufsetzen, vom Feuer nehmen und etwa 10 bis 15 Minuten ziehen lassen.

Mit Gulasch oder Braten, grünem Salat oder Sauerkraut servieren. Am nächsten Tag lassen sich die restlichen Klöße (klein geschnitten) mit Dörrfleischwürfeln in Butter ausbacken.

Blick in die untere Langstraße in Hüttengesäß

Blick auf das winterliche Neuwiedermuß

Spaghetti mit feiner Zitronensoße

Von Roland Koch, Hessischer Ministerpräsident von 1999 bis 2010

2 große, unbehandelte Zitronen	abspülen und von der Schale feine Streifen (Zesten) abreiben oder schneiden, den Saft auspressen.
400 ml süße Sahne	bei geringer Hitze langsam mit
100 ml Weißwein	aufkochen. Nach und nach den Zitronensaft, die Schalenstreifen und
10 g geriebener Ingwer	zugeben. Mit
3 TL körnige Gemüsebrühe	sowie
Pfeffer, Salz	würzen. Inzwischen
400 g Spaghetti	in Salzwasser mit
2 EL Öl	bissfest kochen.
4 Eigelb	Mit einem Teil der Zitronensahne verquirlen und dann zum Abbinden zur Soße geben. Auf kleiner Flamme vorsichtig umrühren, bis die Soße stabil ist – nicht mehr kochen lassen.
1 Topf Basilikum	zupfen, die Blätter fein hacken und unter die Soße rühren.

Weinempfehlung dazu: Kloster Eberbach Riesling trocken – fruchtig, frisch, harmonisch.

Die imposante Langenselbolder Kirche am Klosterberggelände

Scheppklöß (Wasserspatzen)

Das folgende Gericht gab es immer bei Oma Marie Winter als sommerliches Mittagessen – ich habe es sehr geliebt. Manchmal hat sie über die gerösteten Brotkrümel eine leicht gesalzene Milchsoße gegeben.

Von Martina Weisflog, Diebach am Haag

250 – 300 g Mehl	mit
3 – 4 Eier	
1 Msp. Backpulver	
1 Msp. Salz	und
125 ml Milch	zu einem steifen Teig verkneten. Einen großen Topf mit Wasser und
1 TL Salz	zum Kochen bringen. Mit einem Teelöffel kleine Klößchen vom Teig abstechen und ins Wasser geben. Ziehen lassen, bis sie schwimmen, dann sind sie gar. Mit einem Schaumlöffel aus dem Wasser holen. Als Beigabe
3 Scheiben Mischbrot	zerkrümeln und in
Butter	knusprig bräunen.
Kirschen aus dem Glas	ebenfalls dazu reichen.

Altenhaßlau – Martinskirche

Kasslerbraten mit Kartoffel-Käsekruste

Von Hannelore Supp, Büdingen

1 kg Kasslerbraten (ausgelöst)	in eine Auflaufform mit etwas Wasser geben und 45 Minuten bei 180 °C backen.
Je 1 Bund Petersilie, Dill, Schnittlauch	sehr fein schneiden, zur Seite stellen. Aus
1 kg Kartoffeln (mehlig kochend)	sowie
1 Prise Salz	
50 g Butter	und
100 ml süße Sahne	ein cremiges Püree herstellen. Danach
100 g Hartkäse (gerieben)	und die Kräuter darunter mischen. Die Masse auf das Fleisch streichen und nochmals bei 200 °C für 15 Minuten in den Backofen schieben.

Dazu Krautsalat und Zwiebelbrot. Kartoffelpüree nie mit dem Quirl oder Mixer herstellen, sonst wird die Masse zäh und klebrig.

Fachwerkhäuser in der Frankfurter Straße/Ecke Alte Dorfstraße in Rothenbergen

Gemeindebrunnen von Langendiebach in der Brunnenstraße von 1699, im Volksmund Trinkborn genannt.

Grünkohl mit Kassler und Bauchfleisch

Von Klementine Sauer, Ronneburger Hof

500 g Kassler	und
500 g gepökelter Schweinebauch	am Vortag kochen und auskühlen lassen. Fett parieren.
1 kg Grünkohl	putzen und schneiden,
4 Gemüsezwiebeln	schälen und schneiden. Zusammen etwa 1 bis 1½ Stunden schonend kochen lassen, dann
1 TL grüner Pfeffer	
1 TL Zucker	
1 EL kräftige Rindfleischbasis	sowie
1 – 2 EL Löwensenf	zugeben. Etwas
Hafergrütze	zufügen und warten, bis die Grütze etwas gequollen hat. Abschmecken und nach Belieben noch etwas
Fleischbrühe	zugeben. Kassler und Schweinebauch nochmals mit dem Grünkohl erwärmen. Das Fleisch schneiden und separat zum Grünkohl servieren.

Der »Kassler« oder auch »Casseler« hat wohl nichts mit der Stadt Kassel zu tun. Er ist angeblich benannt nach einem Metzgermeister Casel aus dem Berliner Raum, der den gepökelten Schweinerücken berühmt gemacht haben soll.

Blick von der Ronneburg auf den Ronneburger Hof, einst der Wirtschaftshof der Ronneburg. Er ist unter anderem durch die Kunst- und Kulturscheune »Gackeleia« bekannt.

Die Straße »Am Weinberg« – bereits 1018 wird Weinbau in Düdelsheim betrieben.

Schweinefilet im Kräutermantel mit Ravioli

Von Klaus Schejna, Bürgermeister von Rodenbach

Die Ravioli

2 EL Wasser	mit
200 g Mehl	
1 Prise Salz	
1 Ei	
2 Eigelb	sowie
2 EL Olivenöl	gut miteinander verkneten und den Teig in einer Folie eingewickelt 30 Minuten im Kühlschrank ruhen lassen.

Die Füllung

30 g getrocknete Tomaten	fein hacken, mit
100 g Frischkäse	und
175 g Ricotta (Frischkäse)	vermischen und abschmecken. Wenn die Füllung zu feucht ist, mit etwas
Semmelbrösel	»trocken legen«. Nun den Teig am besten mit einer Nudelmaschine ausrollen (zur Not mit dem Holz auf bemehlter Arbeitsfläche). Mit einem Ausstecher oder Weinglas etwa 6 cm große Kreise ausstechen. Auf eine Hälfte einen Teelöffel der Füllung geben, den Rand mit etwas
Eigelb	einpinseln, zu Halbmonden einklappen und gut zudrücken. In leichtem Salzwasser kochen, bis die Ravioli nach oben steigen.

Die Soße

200 ml Gemüsebrühe	mit
50 ml Weißwein	

Als Gemüsebeilage passen in Balsamico und Olivenöl geschwenkte Zucchini. Gut schmecken auch Knoblauch und Zwiebeln in der Kräuterkruste.

Altes Rathaus von Niederrodenbach

100 g Frischkäse	zu einer Soße aufkochen, mit
1 TL Soßenbinder	abbinden und nach Belieben mit
1 TL gehackte Petersilie	und
100 ml süße Sahne	vollenden.

Das Schweinefilet im Kräutermantel

Je 1 Bund Petersilie, Basilikum, Thymian	waschen, trocken tupfen, von den Stielen befreien, klein hacken, mit
6 – 7 EL Semmelbrösel	und
130 g weiche Butter	sowie
1 Ei	zu einer Kräutermasse verkneten, abschmecken.
800 g Schweinefilet	am Stück rundum mit
Salz, Pfeffer	würzen, mit
1 EL Senf	einstreichen. Nun den Backofen auf 200 °C vorheizen. Eine Auflaufform leicht buttern, das Fleisch einsetzen, mit der Kräutermischung bestreichen und das Ganze etwa 20 bis 25 Minuten im Ofen garen. Vor dem Servieren das Fleisch kurz ruhen lassen und dann schneiden.

Niederrodenbach – Turm der Ortsbefestigung mit Storchennest

Blick zur evangelischen Kirche

Gelnhäuser Majorankotelett

Von Fritz Rühl (†), Gasthaus Zum Löwen, Gelnhausen

4 Schweinekoteletts mit Knochen	leicht plattieren und mit
Pfeffer aus der Mühle	würzen. In
Mehl	wenden. In einer großen Pfanne
Öl	erhitzen, die Koteletts darin beidseitig schön goldgelb backen, danach mit
Salz	würzen und abgedeckt ruhen lassen.
Frittierfett	in eine Friteuse oder in einen Topf geben, auf 160 °C erhitzen.
4 mittlere Zwiebeln	schälen, in Streifen schneiden und in einer großen Schüssel mit
100 g Mehl	Gut durchkneten. Das Mehl dann leicht abschütteln und die Zwiebeln im Backfett goldbraun ausbacken. Danach gut ablaufen lassen und mit
Salz, Pfeffer	würzen. Die Koteletts auf vorgewärmten Tellern anrichten, mit
60 – 80 g Senf	bestreichen, mit
1 EL Majoran	bestreuen und die Röstzwiebeln auf die Koteletts setzen. In einer trockenen Pfanne
4 Scheiben Dörrfleisch	bräunen und auf die Röstzwiebeln aufsetzen.

Als Beilagen Bratkartoffeln und Knoblauchsoße (Rezept S. 21).

Gelnhausen – Gasthaus »Zum Löwen« – eines der ältesten Gasthäuser in Hessen. Hier war bereits 1506 der sagenumwobene Magier Dr. Faustus zu Gast. Auf ihn begründet sich u.a. Goethes Faust, oder auch die Ballade von Achim von Arnim und Clemens Brentano »Doktor Faust«.

Die wohl letzte original gefüllte Bierflasche aus der Gasthausbrauerei »Zum Löwen« – Detail am Porzellanverschluss

Filetgulasch mit Paprika

Von Alexandra Reif, Altwiedermus

600 g Schweinefilet	in große Würfel schneiden.
3 Knoblauchzehen	und
80 g Tomaten (getrocknet oder eingelegt)	klein schneiden.
2 gelbe, 2 rote Paprika	in große Stücke zerteilen
600 g Kartoffeln	schälen, waschen und in etwa 1½ cm dicke Scheiben schneiden. Die Schweinefiletstücke in
2 TL Olivenöl	scharf anbraten, Kartoffelscheiben und Paprika zugeben und weiter anbraten. Den Knoblauch sowie
3 Zweige Majoran	
500 ml Geflügelfond	und
3 EL Sojasoße	dazugeben, mit geschlossenem Deckel etwa 10 Minuten vorsichtig garen.
2 EL Tomatenmark	mit
150 ml saure Sahne	und
1 – 2 TL Speisestärke	verrühren, ganz vorsichtig untermischen, sonst zerfällt der Paprika. Noch etwa 10 Minuten bei ganz schwacher Hitze köcheln lassen, bis die Soße eingedickt ist. Mit
Pfeffer, Salz	abschmecken, mit frischem
Majoran	dekorieren und servieren.

Am besten schmeckt dazu frisches Weißbrot.

Der Ronneburger Hof an der ehemaligen Landesgrenze zwischen dem Königreich Preußen (Kreis Hanau) und dem Großherzogtum Hessen (Büdinger Land)

Gasthaus »Zum Goldenen Engel« von 1707 und Marktbrunnen in Langenselbold

Schälrippchen (für 6 Personen)

Ein überliefertes Bauernrezept, was heute noch so beliebt ist, wie in den guten alten Zeiten.

Von Katharina Köhler, Ravolzhausen

3½ kg dicke Schweinerippe (gesalzen)	beim Metzger vorbestellen.
2½ kg Kartoffeln	waschen, schälen und vierteln. Den Boden eines großen Bräters mit der Hälfte der Kartoffeln bedecken. Darauf das Fleisch verteilen.
10 Knoblauchzehen	und
10 Lorbeerblätter	
80 Pfefferkörner	sowie
30 ganze Nelken	über das Fleisch verteilen und mit dem Rest der Kartoffeln bedecken. Mit Wasser auffüllen und dick mit
Zimt	Bestreuen. Die Bratzeit in der Röhre ohne Deckel bei 200 bis 220 °C beträgt etwa 2 Stunden.

Wen die Körner stören, der darf gerne aus einem Stück Leinentuch einen Gewürzbeutel anfertigen und die Gewürze darin einlegen.

Lorbach – Herrnhuter Straße mit der Schule von 1895, dem höchsten Gebäude im Dorf

Südlicher Ortseingang von Ravolzhausen

Schweinebraten mit Backpflaumen

Von Monika Rolko, Hüttengesäß

Dazu passt sehr gut Kartoffelpüree und Rotkraut.

100 g Backpflaumen (entsteint)	mit
2 cl Zwetschgengeist	und etwas
Wasser	übergießen, so dass sie bedeckt sind. Einige Stunden ziehen lassen.
1 kg Schweinerücken	als Rollbraten gebunden, mit
1 EL Majoran	
Salz, Pfeffer aus der Mühle	einreiben und in einem Schmortopf in heißem
Öl	schnell rundum kräftig anbraten. Mit
250 ml Fleischbrühe (heiß)	ablöschen. In den vorgeheizten Backofen geben und bei 200 °C etwa 1 Stunde backen und regelmäßig mit dem Sud übergießen.
2 säuerliche Äpfel	schälen, Kerngehäuse ausstechen und das Fruchtfleisch in nicht zu kleine Würfel schneiden. Die Äpfel zusammen mit den Pflaumen um den Braten streuen und noch etwa 15 Minuten weitergaren lassen. Den Braten herausnehmen und im ausgeschalteten Ofen etwa 10 Minuten ruhen lassen. Den Bratenfond mit
200 ml saure Sahne	vollenden und abbinden, mit
Salz, Pfeffer aus der Mühle	abschmecken.

Altenstadt – Blick in die Hintergasse

250 Jahre alt – das alte Rathaus von Himbach

Spansau von 1931 (Spanferkel)

Von Adel Frank, Langenselbold

1 Spanferkel (Schlachtgewicht 7 kg)	und die passende Pfanne bereit halten.

Die Füllsel

4 Brötchen	in Wasser einweichen, später ausdrücken.
5,5 kg Kartoffeln	schälen, kochen und fein reiben.
200 g Räucherspeck	würfeln. Die Zutaten mit
750 g Schweinehackfleisch	sowie
300 g Zwiebeln (fein gewürfelt)	
Salz, Pfeffer	
Muskat, Majoran	
Nelken (gemahlen)	und etwas
Fleischbrühe	gut vermengen und das Spanferkel damit füllen, dann zunähen. Im Ofen bei 180 °C etwa 3 bis 4 Stunden braten, dabei gelegentlich mit Sud begießen und zusätzlich noch eine Wasserschale dazustellen.

Richtlinien für Spanferkel und Spansau von Urgroßvater Emil Köhl

Im Jahre 1965 wurde von seinem Enkel Peter Frank ein Spansau-Essen nach den »Richtlinien« organisiert. Allerdings gab es damals erst eine Panne: Der Bruderdiebacher Hof hatte es zu gut gemeint und das Gewicht der Sau betrug 12 kg! Es ließ sich aber weder in Hanau noch in Langenselbold eine Pfanne auftreiben, in die das Tier gepasst hätte. Ein Bäcker gab uns dann leihweise eine Aluminium-Pfanne, hatte aber große Bedenken deswegen, ob sie die Hitze aushalten würde. Sie hielt es aus, aber das Wutzi war so hoch, dass es oben an der Decke des Backofens schleifte und einen Brandfleck bekam. Nach drei Stunden war sie gar und gut! Peter Frank aber ergänzte die »Richtlinien« seines Großvaters mit dem Zusatz: Für spätere Fälle – erst die Pfanne, dann die Sau!

Blick zum Hauptgebäude des Bruderdiebacherhofes

Schweinefiletrolle mit Bärlauchfüllung

Von Adolf Ludwig, Bürgermeister von Limeshain

100 g Frühstücksspeck	in Streifen schneiden, scharf anbraten, bis er etwas bräunt.
1 Zwiebel	abziehen, würfeln, zum Speck geben, mitbraten, bis der Speck ganz braun ist.
2 EL Weißwein	dazugeben und etwas einkochen lassen. Die Masse erkalten lassen.
100 g mittelalter Gouda	würfeln. Zur ausgekühlten Zwiebel-Speck-Masse geben.
100 – 150 g Bärlauch oder 20 g Bärlauchpaste (Rezept S. 191)	waschen, trocken tupfen und in Streifen schneiden, dazugeben. Die Masse mit
Salz, Pfeffer aus der Mühle	abschmecken. Den Backofen auf 100 °C (Umluft 80 °C) vorheizen.
600 g Schweinefilet	mit einem scharfen Messer in der Mitte längs einschneiden und aufklappen. Das Fleisch zu einem Rechteck klopfen. Innen und außen mit
Salz und Pfeffer	würzen. Die Füllung auf der Innenseite verteilen und das Filetrechteck von der schmalen Seite her zur Spitze hin fest aufrollen. Mit Holzzahnstochern verschließen. Das Fleisch rundherum mit
Öl	einpinseln und in einem heißen Bräter 2 bis 3 Minuten von allen Seiten scharf anbraten. Den Bräter in den Backofen schieben und das Fleisch etwa 1 Stunde langsam garen lassen. Wenn das Fleisch vor Ende der Garzeit an der Oberfläche zu dunkel wird, ein mit
1 EL Butter	bepinseltes Pergamentpapier auf den Braten legen. Zum Servieren die Zahnstocher entfernen und das Filet in dünne Scheiben schneiden. Für die Soße den Bratensatz lösen, aufrühren und mit
2 cl Sherry	ablöschen, mit
100 g Crème fraîche	verfeinern. Zum Schluss mit
Salz, Pfeffer	abschmecken.

Als Beilage schmecken am besten dazu Herzoginkartoffeln (Rezept S. 55).

Weltkulturerbe – der obergermanisch-raetische Limes wurde an seinem Originalplatz bei Rommelhausen rekonstruiert.

Rahmgeschnetzeltes mit Reis

Von Karlheinz Wolfgang, Büdingen

3 x 125 g Langkornreis-Kochbeutel	etwa 10 Minuten in kochendem Salzwasser garen.
500 g Karotten	putzen, waschen, in schräge Stücke schneiden, zur Seite stellen.
½ Bund Petersilie	waschen und einige Blätter beiseite legen. Den Rest klein hacken.
700 g Schweinerücken (pariert)	in Streifen schneiden.
3 EL Butterschmalz oder Öl	in einer großen Pfanne erhitzen, das Fleisch darin goldbraun anbraten, mit
Salz, Pfeffer	würzen und herausnehmen.
4 kleine Zwiebeln	würfeln und im Bratfett andünsten, Karotten zugeben und mitdünsten. Mit
250 ml Wasser	ablöschen.
2 cl Weinbrand	und
400 ml süße Sahne	auffüllen.
2 Lorbeerblätter	dazugeben und etwa 10 Minuten köcheln lassen. Lorbeer wieder herausnehmen.
3 – 4 EL Soßenbinder	einrühren, Fleisch zugeben, alles nochmals abschmecken. Reis und das Geschnetzelte anrichten, mit Petersiliensträußchen garnieren.

Dazu passen grüner Salat und Weißwein. Braten Sie das Fleisch auf zwei oder drei Portionen verteilt an, so tritt nicht zu viel Saft aus und es brät schöner.

Das Schloss in Büdingen – Residenz der Grafschaft Ysenburg hat seinen Ursprung im 12. Jahrhundert. Büdingen liegt am Rand des Vogelsbergs. Das ehemalige Vulkangebiet beherbergt das größte Basaltmassiv Europas.

Oma Käthes leckerer Krautbraten

Das Rezept stammt von meiner Oma Käthe und war für mich als Kind und ist für mich noch heute ein kleines Festessen, das ich zu jeder Zeit, am liebsten aber im Herbst und Winter genieße.

Von Hugo Klein, Freigericht, Mitglied des hessischen Landtags

500 g Weißkohl	putzen und 10 Minuten in siedendes Wasser legen. 12 große Blätter ablösen und den restlichen Kohl fein hacken.
2 EL Margarine	erhitzen,
2 Zwiebeln (klein gehackt)	zugeben. Mit
250 g Schweinefleisch (gewürfelt)	und
500 g Hackfleisch (gemischt)	anbraten. Den gehackten Kohl hinzufügen. Mit
Kümmel, Pfeffer, Salz	würzen.
125 ml Weißwein	zufügen und das Ganze schmoren lassen. Eine feuerfeste Form fetten und mit Kohlblättern auslegen. Die Fleischmischung darauf ausbreiten und mit Kohlblättern bedecken.
8 dünne Scheiben Dörrfleisch	auf die Krautblätter abschließend auflegen.
1 EL Margarine	in Flöckchen darauf verteilen und anschließend etwa 45 Minuten bei 220 °C in den vorgeheizten Backofen stellen.

Als Beilage eignet sich hervorragend ein guter, hausgemachter Kartoffelbrei.

Freigericht – Hof Trages: Das stolze Landschlösschen mit schönem Park ist heute ein beliebter Golfplatz im Vorspessart. Ein früherer Hausherr, F.C. von Savigny, gesellte berühmte Persönlichkeiten um sich wie die Dichter Clemens Brentano und Achim von Arnim, die Brüder Jakob und Wilhelm Grimm, die Goethe-Freundin und Dichterin Bettina Brentano, die spätere Gattin Achim von Arnims und deren Freundin Caroline von Günderrode. Clemens Brentano schrieb hier sein berühmtes Märchen »Gockel, Hinkel und Gackeleia«. Dies inspirierte die Namensgebung für die Ronneburger Kulturscheune »Gackeleia«.

Überbackene Schnitzel

Von Bürgermeister Michael Göllner, Hammersbach

4 Schweineschnitzel	mit
Salz, Pfeffer	würzen und in
100 g Butter	sowie
100 ml Öl	beidseitig kurz anbraten, dann aus der Pfanne nehmen.
1 Knoblauchzehe	und
1 große Zwiebel	klein hacken und im Bratfett anbraten.
400 g Champignons (1 Dose)	halbieren und zur Zwiebel geben.
2 EL Paniermehl	darüber streuen und mit
250 ml Weißwein	sowie
200 ml süße Sahne	ablöschen.
1 Pck. Bratensoße	einrühren und mit
Salz, Pfeffer	würzen, eventuell etwas einkochen lassen. Über die Schnitzel geben und mit
250 g Käse (gerieben)	bedecken. Etwa 30 Minuten bei 160 °C im Backofen überbacken.

Lieblos mit Gasthaus »Zur Post« von Familie Urbach-Kalbfleisch (Lithografie-Ansichtskarte)

Weißkohltopf mit Hackfleischbällchen

Von Edeltraud Pohl, Hüttengesäß

700 g Hackfleisch (gemischt)	mit
2 Brötchen (eingeweicht)	und
2 Eier	verkneten. Mit
Pfeffer, Salz	abschmecken und im Kühlschrank durchziehen lassen.
1 Weißkohlkopf (mittelgroß)	klein schneiden.
200 g Dörrfleischwürfel	mit
2 EL Öl	und
1 Zwiebel (geschnitten)	anschwitzen. Dann den Weißkohl dazugeben, umrühren und mit
Pfeffer, Salz	sowie reichlich
Kümmel (ganz)	würzen. Etwas
Brühe oder Wasser	zugeben und leicht durchkochen. Dann die fertige Hackfleischmasse zu Bällchen formen und auf das kochende Kraut einzeln auflegen. Der Krauttopf wird nun sozusagen mit den Hackfleischbällchen abgedeckt. Mit einem Deckel verschließen und nach etwa 10 Minuten die Bällchen umdrehen. Das funktioniert gut, wenn man den Topf etwas anhebt und leicht schüttelt. Das Ganze nun fertig kochen und zum Schluss nochmals abschmecken.

Wer keinen ganzen Kümmel mag, sollte sich einmal mit gemahlenem Kümmel versuchen. Oft ist er als Hintergrundgewürz kaum spürbar und dennoch unerlässlich. Er ist in den meisten Brot- und Wurstgewürzen enthalten.

Evangelische Kirche in Gondsroth

Arabisches Reiterfleisch

Von älteren Personen aus der Gemeinde Niedermittlau überliefert, eingereicht von Margit und Helmut Klosterbecker, Niedermittlau (Verein zur Erhaltung der Laurentiuskirche e.V.)

500 g Rinderhackfleisch	mit
1 – 2 Gewürzgurken (gewürfelt)	
2 Knoblauchzehen (gerieben)	
2 EL Dickmilch	
50 g Meerrettich	
3 – 4 EL Tomatenmark	
1 – 2 Äpfel (gewürfelt)	
1 große Zwiebel (gewürfelt)	sowie
2 Eier	vermischen. Nach Belieben mit
Pfeffer, Salz, Zucker	und
Nelken, Muskat, Paprika	abschmecken. Danach mit
2 EL Margarine	in einer großen Pfanne unter Rühren gut durchbacken.

Schmeckt vorzüglich zu frischen grünen Bohnen und Weißbrot oder auch zu Kartoffeln und grünem Salat. Als Katerfrühstück zu empfehlen.

Gemeindebackofen und Kirche in Niedermittlau

Rindfleisch mit Meerrettichsoße

Von Dr. Manfred Keil, von der »Sälwedä Schbroochschoul«
Verein für Geschichte und Heimatkunde, Langenselbold

1 kg Rindfleisch (Brustkern, Hochrippe oder Tafelspitz)	kurz waschen und im Topf mit sprudelndem Wasser zum Kochen bringen. Dann etwa 2 bis 2½ Stunden leise köcheln lassen. Aufsteigenden Schaum entfernen. Nach der ersten Stunde
1 Zwiebel (mit Schale)	halbieren, in der Pfanne auf den Schnittflächen bräunen und zum Fleisch geben.
2 EL Salz	sowie
1 Bund Suppengrün	
1 Tomate	
½ TL Pfefferkörner	zufügen.

Die Meerrettichsoße

1 Brötchen	in einem Topf mit
200 ml Fleischbrühe	einweichen und glatt verrühren.
300 g Meerrettich	zugeben und etwa 4 Minuten kochen lassen. Dann mit
Pfeffer, Salz	abschmecken. Zum Schluss
25 g Butter	und
1 Eigelb	unterrühren – danach nicht mehr kochen lassen!

Mit Salzkartoffeln und Roter Bete oder Gewürzgurken (nach Belieben) servieren. Die gebräunte Zwiebel verleiht der Suppe eine schöne Farbe und einen intensiven Geschmack.

Der Wartbaum bei Nidderau – über 300 Jahre altes Naturdenkmal an der Hohen Straße gelegen

Ernährungsweise im ausgehenden Mittelalter und der frühen Neuzeit

Von Burkhard Kling, Gelnhausen, Leiter der Museen »Brüder Grimm-Haus« und »Museum Steinau ... das Museum an der Straße«

»Ich besitze ein altes, deutsches Kochbuch, welches allem Ansehen nach das erste ist. Es führt zum Titel das einzige Wort »Kuchemaistrey« worunter ein Holzschnitt, der eine Küche mit verschiedenen darin beschäftigten Personen vorstellt. Nirgends zeigt sich weder Ort noch Jahr, wo es gedruckt ist: aber das es aus dem 15. Jahrhundert sein muss, ist wohl unstreitig.« Dies sagte Gotthold Ephraim Lessing über ein Kochbuch in seiner Bibliothek. Lessing besaß das älteste gedruckte Kochbuch in Deutschland, das von dem Nürnberger Drucker Peter Wagner am 10. November 1485 der Öffentlichkeit übergeben wurde. Das für die Herrenküche geschriebene Buch ging noch im gleichen Jahr in die zweite Auflage, ein Jahr später folgte die dritte. Dieses anonyme Werk war als Rezeptsammlung so erfolgreich, dass es bis zum Jahr 1674 immer wieder neu gedruckt wurde. Die Überlieferung der Rezepte der Herrenküche ist so recht gut belegt.

Immer wieder versuchten Köche, ähnlich wie es schon der anonyme Autor in Nürnberg getan hatte, ihr individuelles Wissen einem größeren Leserkreis zugänglich zu machen. Zu diesen Kochbüchern gehört auch das 1531 bei Christian Egenollf in Frankfurt am Main unter dem Titel »Von Speisen, Natürlichen und Kreuter Wein/ aller verstandt« herausgegebene Kochbuch, aus dem die beiden untenstehenden Rezepte stammen. Möglicherweise wurde dieses Büchlein, das Buchhandels-Zentrum Frankfurt ist ja von der Küche der Ronneburg aus zu sehen, auch im 16. Jahrhundert auf der Burg genutzt. Seit dem letzten Viertel des 15. Jahrhunderts entwickelte sich dort eine immer reichere Hofhaltung. Es handelte sich hier um Kochbücher, die für einen Berufsstand geschrieben wurden, deshalb sind viele Angaben als selbstverständlich gesehen worden. Genauso verhält es sich mit den älteren, nur handschriftlich überlieferten Kochbüchern, die immer als Anleitungen für Gesellen und Lehrlinge gedacht waren, so auch das älteste erhaltene deutschsprachige Kochbuch, das um 1345 in Würzburg entstandene »Buch von der guten Speise«, welches in der

In der Burgküche der Ronneburg

Küche der Bischöflichen Hofhaltung auf der Festung Marienberg benutzt wurde. All diese Kochbücher stellen eine eher gehobene Küche dar.

In den privaten Haushalten war das anders, da gab die Mutter ihre Rezepte an die Tochter oder Schwiegertochter weiter, so dass ein Rezept die Küche oft kaum verlassen hat.

Fasten im christlichen Sinn

Heutzutage versteht man die Fastenzeit, auch bei praktizierenden Katholiken, als die 40 Tage zwischen Aschermittwoch und Ostern. Eigentlich sind die christlichen Fastentage jedoch weit umfangreicher gewesen. Neben dieser Zeit gehören die drei Bitt-Tage vor Christi Himmelfahrt, der Mittwoch, der Freitag und Samstag vor Beginn des Vierteljahres, die Vorabende wichtiger Heiligenfeste sowie die Freitage und Samstage dazu. Wenn man all diese Tage zusammenrechnet, so kann man im Jahr kaum mehr als 230 Fleischtage und etwa 135 Fastentage zählen.

An Fastentagen sollte auf Fleisch verzichtet werden. Erlaubt sind Gemüse und Fisch. Nach strenger religiöser Auffassung durften auch keine Eier und keine Milchprodukte verzehrt werden. Erst ab 1491 wurde dies gestattet, nachdem es wohl schon lange Praxis war. Fastenrezepte aus mittelalterlicher Zeit belegen übrigens, dass Fasten in

Ronneburger Burgküche – Feuerstelle

der Geschichte nicht vergleichbar mit modernen diätetischen Ansätzen ist, wo gesundheitliche Gesichtspunkte eine wichtige Rolle in der Gestaltung des Speiseplans spielen. Fasten bedeutete nicht den völligen Verzicht auf Nahrung, sondern nur den bewussten Verzicht auf bestimmte Nahrungsmittel, um einen bestimmten Tag oder einen bestimmten Zeitabschnitt im Kalender hervorzuheben. Wer genügend Vorräte hatte oder entsprechend für die Fastentage einkaufte, konnte auch hier satt werden. Fasten im religiösen Sinne hat nichts mit Hungern zu tun.

Dies ist in Ansätzen noch heute im Karfreitag, einem der wenigen bewussten Fastentage noch in unserem Speiseplan erhalten. Um diesen Tag als den der Kreuzigung Christi besonders hervorzuheben, wurde er im Kalender mit Fastenvorschriften belegt, die bis heute noch unsere Essgewohnheiten, zumindest an diesem Tag, prägen.

Gewürze

Über die Menge der verwendeten exotischen Gewürze in der Herrenküche wissen wir nur sehr wenig, da in den mittelalterlichen Kochbüchern fast nie Mengenangaben vorkommen. Wenn sich doch einmal Mengen ermitteln lassen, sind diese für unseren heutigen Geschmack sehr groß. Warum man nun aber solch ungewöhnlich hohe Gewürzmengen verwendete, lässt sich nur bedingt ermitteln. Natürlich kann man annehmen, dass man im späten Mittelalter und der frühen Neuzeit schärfer gewürzte Speisen bevorzugte, auch wird immer wieder vermutet, dass die schlechten Konservierungsmöglichkeiten dazu führten, dass Fleisch oft

Alte Kochutensilien in der Burgküche

streng schmeckte und so eine schärfere Würze den schlechten Geschmack übertünchen sollte. Doch wird man auch in dieser Zeit sicherlich festgestellt haben, wann Fleisch genießbar, wann es verdorben war und keinesfalls stets am Rande einer Lebensmittelvergiftung gelebt haben.

Die Gründe für die starke Würzung sind eher in den Gewürzen selbst zu suchen: Die langen Transportwege (aus dem Orient über das Mittelmeer nach Venedig und dann von dort aus über die Alpen zu den großen Messen) und schlechte Transportbedingungen führten oft dazu, dass die Gewürze einen Teil ihrer ätherischen Wirkung einbüßten. Zudem dokumentierte die Opulenz der Speisen bei Festessen den gesellschaftlichen Rang des Gastgebers, so dass man durch die starke Würzung seinen Reichtum zur Schau stellen konnte, ja manchmal gar Gewürze in dekorativen Gefäßen einfach zur Schau (und zum Riechen) aufstellte. Ein anderer Grund für die starke Würzung ist auch in den damals bekannten Konservierungsmethoden zu suchen. Das für die Bevorratung eingesalzene oder in Essig eingelegte Fleisch und Gemüse nahm natürlich den Geschmack von Salz und Essig an, den es mit der entsprechenden Würzung zu übertünchen galt. Schließlich führte sogar der Glaube an die Heilkraft von Gewürzen zu ihrem vermehrten Gebrauch.

Ein guot huon sieden*

Bereydt das huon/schürpff die daerm/Nim Kopf/kragen/leber/magen und alles ingeweyd/seuds in eim hafen oder pfanen/Hack es wohl mit peterlin/Schlahe rohe eyer darein/würtz unnd saltz es ab/hack specklin darunder/klein rosein oder gebraten biren/knits also wol under einander/füll das huon damit/un erwell es in wasser da wein und essig innen sei/das es erstarre/(...)

Gebackens von Regelsbiren*

Schel die birn schon/wirff die kern auß/mach ein gruene füll vo eyern und Peterlin/Salbeien oder andern wolschmeckenden kreutern/die styl oh stegel streyff ab/hack nur die bletter klein/schlah rohe eyer daran/ruer ein klein weißbrot brosam darein/würz es ab/treibs gar wol durch einander. Mach einn teyg mit gesottenem honig wein/nitt zu dick noch zu dünn/zertreib in mit eim welgerholz/Mach kuochen odder krapfen daraus/und backs wohl. Magst in der Fasten Feigen unnd rosin zimlich darunder thuon. Ob du der grünen kreuter nit nimbst/so verknit rohe eyer mit aepfellen unnd würtzen/saffran unnd saltz/also eingelegt/das vereynigt sich gar wol inn kuechlin oder krapffen. So man der aepffel oder birnen nit hat/so nimm guoten geriben keß/mit eim kleinen staeublin mehls vergilbet/wol under ein ander knetten mit saltz und würtz ob du wilt.

**entnommen aus dem Kochbuch »Von Speisen, Natürlichen und Kreuter Wein/aller verstandt«, herausgegeben 1531 bei Christian Egenollff in Frankfurt am Main*

Kilogulasch (für 15 bis 18 Personen)

Von Jürgen und Ute Waitz, Hüttengesäß

1 kg Hackfleisch (gemischt)	mit
Pfeffer, Salz	würzen und zu Bällchen formen.
	Die folgenden Zutaten in kleine Würfel schneiden und in der aufgelisteten Reihenfolge in einen ovalen Bräter einschichten:
1 kg Rindfleisch	
1 kg Schweinefleisch	
1 kg Dörrfleisch	
1 kg Paprika	
1 kg Tomaten	
1 kg Zwiebeln	
5 saure Gurken	
1 große Fleischwurst	und die vorbereiteten Hackbällchen obenauf.
500 ml Schaschlikoße	darüber geben, mit Deckel 3 Stunden bei 225 °C in den Backofen, nach der Hälfte der Garzeit einmal umrühren.

Das lässt sich prima vorbereiten.

Die Hochzeit vom Kronenwirt Otto Erdt I. mit Dorothea Meinhardt im Jahre 1937

Original Ungarisches Kesselgulasch

(für 8 Personen)

Eingesandt von Jürgen Niedenthal, Eckartshausen, vom »Kesselgulaschverein«
www.buzsak-freunde.de

5 EL Schweineschmalz	in einen großen Schmortopf geben.
1 kg Zwiebeln	schälen, würfeln, in den Topf geben und unter Rühren andünsten, bis sie glasig sind. Dann den Topf von der Feuerstelle nehmen und reichlich
Paprikapulver	unterrühren.
1½ – 2 l Wasser	hinzugeben, dann
1½ kg Gulaschfleisch (gemischt)	dazugeben und 1 Stunde köcheln lassen.
2 – 3 Paprikas	sowie
500 g Karotten	putzen, schälen, würfeln und hinzugeben. Nochmals 30 Minuten köcheln lassen. Mit
Pfeffer, Salz, Knoblauch	
Lorbeer	abschmecken.
4 EL Tomatenmark	dazugeben. Danach
500 g Kartoffeln	schälen, würfeln, hinzugeben und nochmals 30 Minuten köcheln lassen. Sobald sich die Kartoffeln zerdrücken lassen, ist das Kesselgulasch fertig.

Langendiebach – Friedrich Ebert Straße mit Blick zur Kirche

Eckartshausen – ein »Stamm« Hühner mit einem Lanz-Bulldog

Freigerichter gerollter Kalbsnierenbraten

Nach »Lotzemüllers Art« – Hausname der Somborner Metzgerfamilie Müller, aufgeschrieben von Peter Müller aus Freigericht, seit über 40 Jahren Sänger und Frontmann der bekannten Live-Band »Peter M., Guess Who & Friends«
Was meine Mutter so alles kochte, war schon super! Meist fertigte sie aus den Fleischresten, die in unserer Metzgerei nicht verkauft worden waren, die besten Gerichte. Der Kalbsnierenbraten war eine solche Spezialität, die es an besonderen Feiertagen gab. Ich bin heute noch davon begeistert.

1 Kalbsniere (beim Metzger vorbestellen)	vom äußeren Fett und den Sehnen befreien, etwas Nierenfett sollte dranbleiben. Dann unter fließendem Wasser gut spülen und der Länge nach halbieren.
1,2 kg Bauchlappen vom Kalb – das Nierenstück	etwas plattieren, mit
Salz, Pfeffer aus der Mühle	und
Rosmarin	würzen. Die Nieren auf das Fleischstück legen und fein säuberlich zu einer Rolle drehen. Jetzt den Braten mit Wurstkordel oder Garn fest zubinden. Von außen ebenfalls würzen und in
60 g Butterschmalz (heiß)	rundherum scharf anbraten.
2 mittlere Zwiebeln	sowie
3 Karotten	
1 kleine Sellerieknolle	schälen, putzen und in fingerdicke Scheiben schneiden, zum Schmoransatz zufügen.
1 Lorbeerblatt	zugeben und mit etwas
Brühe	ablöschen. Bei 180 bis 200 °C etwa 1½ bis 2 Stunden zugedeckt im Backofen schmoren. Dann das Fleisch herausnehmen und warm halten. Den Bratensaft mit
250 ml Brühe	sowie
125 ml Weißwein	auffüllen, entfetten. Mit
1 – 2 EL Mehl (angerührt)	abbinden und aufkochen. Anschließend durch ein Sieb passieren und mit
250 ml süße Sahne	vollenden.

Es ist ratsam, den Braten in dickere Scheiben zu schneiden und mit der fertig abgeschmeckten Soße zu servieren. Dazu reicht man Klöße, breite Nudeln, Spätzle oder mit Petersilie bestreute Salzkartoffeln.

Somborn – Katholische Pfarrkirche St. Anna

Somborn-Metzgerei Müller, »Lotzemüller«

Gabys Hähnchenschenkel

Von Gabriele Weisensell, Neuwiedermuß

8 Hähnchenschenkel	waschen und mit
Pfeffer, Salz, Paprika	würzen. Anschließend in eine große Auflaufform oder auf ein Backblech mit hohem Rand legen.
8 mittelgroße Kartoffeln	schälen, in Würfel schneiden und ebenfalls in die Auflaufform geben. Die Auflaufform etwa 2 bis 3 cm hoch mit Wasser auffüllen.
2 TL gekörnte Gemüsebrühe oder Hühnerbrühe	zugeben. Das Ganze bei 160 bis 170 °C für 30 bis 45 Minuten in den Backofen geben. Die Hähnchenschenkel zwei- bis dreimal wenden. 20 Minuten vor Ende der Garzeit
250 g Partytomaten	
2 – 3 Rosmarinzweige	
5 – 6 Salbeiblätter	dazugeben.

Mit Stangenweißbrot servieren.
Dazu passt Knoblauchsoße (Rezept S. 21)

Orleshausen – alte Schule (1769 bis 1951)

Am Weißen Berg in Neuwiedermuß – hier war früher ein Weinberg.

Gefüllte Hähnchen

Von Inge Schäfer, Hüttengesäß

Bei meiner Mutter wurden die Hähnchen früher mit Zwiebeln und Gartengemüse gefüllt. Dazu reicht man Salzkartoffeln und Salat oder auch Kartoffelklöße und leckeres Rotkraut.

2 Hähnchen	innen und außen mit
Salz, Pfeffer	würzen.
300 g Hackfleisch (gemischt)	mit
1 Knoblauchzehe (gepresst)	und
1 mittlere Zwiebel (gewürfelt)	vermischen, mit
Salz, Pfeffer	abschmecken und die Hähnchen damit füllen. Die gefüllten Hähnchen rundum in
4 EL Öl	anbraten
1 Zwiebel	grob würfeln, zugeben, ebenfalls anbraten. Mit Wasser auffüllen, so dass sie bedeckt sind und
4 Lorbeerblätter	dazugeben. Langsam kochen, bis das Fleisch gar ist (etwa 45 Minuten). Das Hähnchen auf einen Teller legen und im Backofen warm stellen, etwas anbräunen lassen.
100 ml Rotwein	in die Brühe geben, abschmecken und nach Belieben andicken.

Gleitschirmflieger finden an der Ronneburg ein Trainings- und Schulungsgelände.

Hühnerfamilie

Geflügelleber auf Knoblauchtomaten

Von Heinz Habermann, Bürgermeister von Ronneburg

300 g Putenleber	häuten und in feine Streifen schneiden.
100 g Schalotten	abziehen und klein hacken.
2 EL Sonnenblumenöl	und
1 EL Butter	in einer Pfanne erhitzen. Leber und Schalotten darin unter Wenden etwa 3 Minuten anbraten. Aus der Pfanne nehmen, würzen und warm halten.
500 g Eiertomaten	waschen, die Stielansätze herausschneiden und die Früchte in gleichmäßige Scheiben schneiden. Im Bratenfett von jeder Seite 1 Minute schmoren.
3 Knoblauchzehen	pressen und zugeben.
1 Bund Petersilie	hacken und bereit halten. Die Tomatenscheiben auf vorgewärmte Teller geben. Putenleber darauf verteilen, mit
Pfeffer, Salz	würzen und mit der Petersilie bestreuen.

Dazu reicht man Roggenbrötchen oder einen schönen grünen Salat.

Blick auf die Hügel Hardeck, Hoherodskopf und die Ronneburg

Das mächtige Tretrad im Brunnenhaus der Ronneburg, der Brunnen ist 96 Meter tief.

Hühnchenbrust mit Apfel-Schinkenfüllung

4 Hühnchenbrüstchen (à 170 g)	(mit oder ohne Haut) seitlich eine Tasche einschneiden, aufklappen und leicht plattieren. Jeweils 2
Apfelspalten (ohne Schale)	und je 1 Scheibe
Schinken (dünn geschnitten)	sowie einige
Thymianblättchen	einlegen und zusammenklappen. Mit
Pfeffer, Salz (wenig)	würzen. In etwas
Mehl	wenden.
2 EL Öl	in einer Pfanne erhitzen, die Hühnchenbrüstchen auf beiden Seiten leicht anbraten, dann in den vorgeheizten Backofen geben und bei 160 °C etwa 12 bis 15 Minuten schonend weitergaren.

Dazu passen Apfelspätzle – schwenken Sie dafür Spätzle mit etwas Butter und Apfelsaft an – fertig. Eine dunkle Apfelweinsoße schmeckt hervorragend dazu. Plattieren Sie Fleisch zwischen Kunststofffolie, dann reißt es nicht so schnell ein.

Im inneren Burghof der Ronneburg

Hühnerbrust mit Spinat

Von Alexandra Reif, Altwiedermus

4 Hühnerbrüstchen	in große Stücke schneiden, mit
Salz, Pfeffer	würzen und in eine große, flache Auflaufform legen.
1 kg Blattspinat	kurz blanchiert oder aufgetaut darüber verteilen, so dass alles bedeckt ist.
400 ml Sauce Hollandaise	mit
100 g Schmelzkäse	und
2 EL Parmesankäse (gerieben)	erwärmen, bis der Käse geschmolzen ist, mit etwas
Brühpulver, Muskat	abschmecken – je nach Belieben. Nun die Käsesoße über den Spinat gießen, mit
4 – 5 EL Parmesankäse (gerieben)	bestreuen und im Ofen etwa 40 Minuten überbacken.

Dazu passen Bandnudeln.

Blick auf Altwiedermus

Ernteszene bei Altwiedermus

Hühnchengeschnetzeltes mit Spargel »Gemischtes Doppel«

Von Gisela Köhler, Hüttengesäß

600 g Hühnerbrustfilets	in Streifen schneiden und mit
20 g Speisestärke	bestäuben.
50 g Butterschmalz	in einer Pfanne erhitzen, Fleischstreifen gut anbraten, herausnehmen, zur Seite stellen.
2 rote Zwiebeln	schälen und würfeln.
8 Stangen weißer Spargel	schälen und die Enden kürzen.
10 Stangen grüner Spargel	unteres Drittel schälen. Beide Spargelsorten in 3 cm lange Stücke schneiden. Zwiebeln und Spargelstückchen im Bratfett anschwenken.
100 ml Geflügelfond	sowie
150 g Crème fraîche	zugeben. Danach 3 bis 5 Minuten köcheln lassen und das Fleisch wieder hinzugeben, aufkochen. Mit
Salz, Pfeffer aus der Mühle	abschmecken, mit
½ Bund Kerbel (fein gehackt)	vollenden.

»Neue Herberge« in Lieblos – gepflegte Hofreite an der ehemaligen Handelsstraße Frankfurt- Fulda-Leipzig. Einen Besuch wert ist der Hofladen u.a. für Spargel und Erdbeeren.

Bereits 1655 in großen Landkarten erwähnt: die »New Herberg« – die neue Herberge

Gefüllte Gans (für 4 bis 6 Personen)

Eine gefüllte Gans ist wohl eine der Königsdisziplinen im Haushalt, dennoch sollten Sie sich nicht scheuen, es einmal auszuprobieren.

1 Gans (4 – 4½ kg)	von innen und außen unter fließendem kaltem Wasser abspülen, trocken tupfen und innen mit
Salz, Pfeffer	
Majoran oder Beifuß	bestreuen oder einreiben. Für die Füllung
1,2 kg Hackfleisch	mit etwas
Ei, Milch, Weckmehl	verkneten. Die Gans damit füllen und zunähen. Den Backofen vorheizen (Ober- und Unterhitze: 200 °C, Heißluft: 180 °C). Eine Fettpfanne in den Backofen schieben und
125 ml heißes Wasser	hineingießen. Die Gans mit der Brust nach unten auf einen Rost legen und den Rost oberhalb der Fettpfanne in den Backofen schieben. Das gesammelte Fett gelegentlich abschöpfen. Sobald der Bratensatz bräunt, so viel heißes Wasser hinzugießen, dass das Wasser in der Fettpfanne etwa 1 cm hoch steht. Die Gans ab und zu mit dem Bratensatz begießen, verdampfte Flüssigkeit nach und nach durch heißes Wasser ersetzen. In der Zwischenzeit
½ Sellerieknolle	und
3 Karotten	schälen.
2 Stangen Lauch	längs aufschneiden und waschen. Die Gemüsezutaten in Stücke schneiden. Die Gans wenden, nach 1 Stunde Garzeit das Suppengrün in die Fettpfanne geben und etwa 2 bis 3 Stunden mitbraten.
50 ml Wasser (kalt)	mit
½ TL Salz	verrühren, die Gans etwa 10 Minuten vor Ende der Bratzeit damit bestreichen und die Temperatur um 20 °C erhöhen, damit die Haut schön kross wird. Die gare Gans vom Rost nehmen und 5 bis 10 Minuten zugedeckt ruhen lassen. Den Bratensatz mit etwas heißem Wasser lösen, durch ein Sieb streichen, mit Wasser auf 600 ml auffüllen und in einen Topf geben. Den Bratenfond zum Kochen bringen und entfetten.

Laurentiuskirche in Niedermittlau mit dem Wehrturm aus dem 11. Jahrhundert

200 g Apfelbrei	in die Soße geben.
1 EL Mehl	mit wenig Wasser anrühren, mit einem Schneebesen in die kochende Flüssigkeit einrühren, dabei darauf achten, dass keine Klümpchen entstehen. Die Soße zum Kochen bringen und bei schwacher Hitze etwa 5 Minuten ohne Deckel leicht kochen lassen, dabei gelegentlich umrühren. Die Soße mit
Salz, Pfeffer, Majoran	abschmecken. Die Gans portionieren (tranchieren), auf einer vorgewärmten Platte anrichten und mit der Soße servieren.

Servieren Sie dazu Kartoffelklöße, Rotkohl, Bratäpfel mit Preiselbeeren, Maronen oder Rosenkohl.
Brotfüllung als alternative Füllung: Brötchen in kleine Würfel schneiden und in eine Schüssel geben. Milch in einem kleinen Topf einmal aufkochen, über die Brötchenwürfel gießen und gut verrühren. Die Speck-Zwiebel-Masse unterrühren und die Masse abkühlen lassen. Eier und Petersilie unterrühren und die Masse mit Salz würzen. Äpfel schälen, raspeln und mit der Masse vermengen. Die Füllung in das Innere der Gans geben, die Öffnung mit Küchengarn zunähen.

Emdener Gänse – eine vitale Wirtschaftsrasse im alten Hof von Langstraße 7 bei Familie Erdt

Baum-Solitär

Gesottene Zickleinschulter mit Meerrettichsoße

Von Wolfgang Nikolai, Hüttengesäß

1,2 kg Zickleinschulter mit Knochen	in leicht gesalzenem Wasser mit
1 Bund Suppengrün	etwa 1 bis 1½ Stunden – je nach Größe des Fleischstücks – schonend gar ziehen lassen.
60 g Butter	schmelzen, mit
80 g Mehl	bestäuben, kurz anschwitzen lassen, dann etwa 800 ml vom Kochsud auffüllen. Mit
2 EL Meerrettich	
1 Prise Zucker	sowie
300 ml süße Sahne	zu einer cremigen Meerrettichsoße verarbeiten, dazu servieren.

Bundestagsabgeordneter Bernd Reuter führt 1985 persönlich die »Ronneburger Gaast«.

Gepökelte Zickleinkeule (für 6 bis 8 Personen)

Von Wolfgang Nikolai, Hüttengesäß

Bevor es Gefrierschränke gab, war Pökeln eine gebräuchliche Art der Fleischkonservierung. Früher gab es in Hüttengesäß und vielen anderen Dörfern Ziegenzuchtvereine, in der sich die »Gaastebauern« zusammenschlossen. Die günstige Versorgung mit den gesunden Milchprodukten und mit Fleisch war durch die so genannte »Kuh des kleinen Mannes« gewährleistet und erschwinglich.

Die Vorbereitung	Dauer: 1 Woche
1 Zickleinkeule	abziehen und entbeinen.
10 l Wasser	mit
800 g Salz, 250 g Zucker	
15 g Salpeter	verrühren, bis sich alles gelöst hat. Nun das Fleisch für etwa 1 Woche in die Lake einlegen, so dass es bedeckt ist.

Die Beize zum Schmoren	
750 ml Rotwein	mit
1 Lorbeerblatt (zerdrückt)	
1 EL Pfefferkörner (zerstoßen)	und
2 Knoblauchzehen (gepresst)	vermischen. Die gepökelte Zickleinkeule in dieser Marinade 24 Stunden beizen lassen. Dann in einem Bräter
4 EL Öl	erhitzen und die abgetropfte Keule rundum anbraten. Einen Teil der Marinade zum Schmoransatz dazugießen, so dass sie zur Hälfte in der Brühe liegt. Nun im vorgeheizten Ofen bei etwa 180 – 200 °C etwa 2 Stunden garen. Dabei immer wieder etwas Marinade nachgießen und das Fleisch wenden. 30 Minuten vor Ende der Garzeit die Keule mit
2 TL Oregano	bestreuen. Dazu
Brießlaabsuuß (Schnittlauchsoße, Rezept S. 16)	servieren.

Anstelle von Salz, Zucker und Salpeter können Sie auch fertig gemischtes Pökelsalz beim Metzger bekommen.

Als Beilage passen hervorragend Bratkartoffeln und Grünkohl.

Eckartshausen – alter Ortskern

Rücken vom Spessartreh mit Cassiskirschen und Selbolder grünem Spargel

Von Hermann Allmeritter, Langenselbold

Der Rehrücken

480 g Rehrückenfilet (sauber pariert)	in vier Portionen schneiden. Mit
Salz, Pfeffer aus der Mühle	würzen und in
4 EL Butterschmalz	mit
200 g Wurzelgemüse	und
10 Wacholderbeeren	anbraten. Nun im Ofen auf dem Gemüsebett bei 160 °C etwa 6 bis 8 Minuten garen. Aus dem Ofen nehmen und mit
2 cl Gin (Wacholdergeist)	ablöschen, dann aus der Pfanne nehmen und an einem warmen Ort etwa drei Minuten ruhen lassen.

Die Wildsoße

2½ kg Wildknochen	klein hacken und in einem Schmortopf mit
1 EL Öl	anbraten.
150 g Zwiebeln	sowie
60 g Karotten	
40 g Knollensellerie	putzen, schälen, zufügen und 5 bis 8 Minuten mitrösten. Das Fett abgießen und
50 g Tomatenmark	unterrühren. Nochmals kurz mitrösten. Nach und nach
300 ml Rotwein	und etwas Wasser zugießen. Zwischendurch die Flüssigkeit immer wieder einkochen lassen. Nach dem letzten Einkochen kaltes Wasser über die Knochen geben, aufkochen lassen und abschäumen.

Langenselbold – Alte Post und Apotheke von 1828 in der Hanauer Straße

1 Lorbeerblatt sowie
je 1 Zweig Thymian, Rosmarin
6 Pimentkörner
10 schwarze Pfefferkörner
10 Wacholderbeeren und
1 Gewürznelke zugeben. Rund 2½ Stunden im offenen Topf köcheln lassen. Dann durch ein feines Haarsieb oder Tuch passieren und entfetten. Nach Belieben zur gewünschten Konsistenz einköcheln lassen. Zum Schluss
300 ml Cassis (Johannisbeerlikör) und
200 g Schattenmorellen hinzufügen.

Dazu passt hervorragend Selleriepüree (Rezept S. 78).

Der Spargel

40 Stangen grüner Spargel die unteren zwei Drittel schälen, holzige Stielenden abschneiden. Leichtes Salzwasser mit
20 g Butter zum Kochen bringen und den Spargel zum Servieren bissfest kochen.

Himbach – das alte Rat- und Schulhaus

Haingründau Gasthaus »Zu den drei Hasen«

Wildschweinbraten

Von Liselotte Simon, Hüttengesäß

1 kg Wildschweinfleisch aus der Keule	unter kaltem Wasser spülen, abtrocknen, mit einem scharfen Messer Sehnen und Fett abschneiden. Für die Beize
½ l Buttermilch	mit
6 Wacholderbeeren (zerdrückt)	
1 Lorbeerblatt	
Pfefferkörner	
2 Pimentkörner	
Saft 1 Zitrone	und
125 ml Rotwein	in einer Schüssel mischen. Das Fleisch einlegen, zugedeckt 24 Stunden kalt stellen. Dann aus der Beize nehmen, trocken tupfen und mit
Salz, Pfeffer (weiß)	einreiben.

Das ehemalige Schloss der Grafen zu Ysenburg und Büdingen in Meerholz – einst Frauenkloster, heute Pflegeheim

40 g Schweineschmalz	in einem Bräter erhitzen. Das Fleisch darin in 10 Minuten braun anbraten. Mit
250 ml Fleischbrühe (heiß)	und
250 ml Rotwein	begießen. Zugedeckt bei schwacher Hitze 1 Stunde schmoren. Das Fleisch aus dem Topf nehmen. Auf einer Platte warm stellen. Den Bratenfond durch ein Sieb in einen Topf gießen und etwa ½ Liter davon abmessen.
20 g Butter oder Margarine	in einem Topf erhitzen.
20 g Mehl	darin 3 Minuten bräunen. Mit dem abgemessenen Bratenfond ablöschen, 5 Minuten kochen lassen, dabei gelegentlich umrühren. Mit
50 g Johannisbeermarmelade	
1 EL Zitronensaft	und
Salz, Pfeffer (weiß)	abschmecken. Zum Schluss
200 ml saure Sahne	unterrühren. Soße erhitzen, aber nicht mehr kochen lassen. Das Fleisch in Scheiben schneiden, mit
Petersilie	garnieren.

Als Beilage Apfelrotkraut und Semmelknödel.
Geben Sie kein Salz in die Marinade zum Beizen. Das entzieht dem Fleisch das Wasser – also besser kurz vor dem Braten salzen.

Hohestein – ein Paradies für Radler und Wanderer zwischen Limesgebiet, Fallbachtal und Hoher Straße, Blick Richtung Hüttengesäß

Oberissigheim – der Rosenhof in der Langstraße

Die Dreschmaschine kommt!

Das Dreschen des Getreides wurde bereits zu Beginn der Industrialisierung maschinell durchgeführt. Die althergebrachte personal- und zeitaufwändige Art und Weise mit Dreschflegeln – einige Männer droschen das Getreide im Takt, in der Scheunentenne auf großen Leinentüchern – war schnell überholt. Auch wenn die Maschinen ihre Tücken hatten, öfters reparaturanfällig und sehr gefährlich waren, wurde nur noch mit Dreschmaschinen gedroschen, die je nach Ort gemeinschaftlich genutzt wurden. Nur ganz große Bauern konnten sich eine eigene leisten. Aus der Zeit des Dreschens mit dem Dreschflegel kamen zwei Sprichwörter, die heute hier noch geläufig sind:
– Der frisst wäi en Scheunedrescher
– Der frisst wäi en Fulder – (er ist hungrig wie ein Fuldaer) der Ausspruch kam wohl in Mode, als man sich Knechte und Drescher in der Landwirtschaft aus anderen Landesteilen holte, die Fuldaer schienen da besonders hungrig gewesen zu sein.

Erinnerungen von Gisela Adrian, Altwiedermus

Schon kurz nach der Ernte, während des Grummetmachens (Grummet ist die zweite Heuernte im Jahr), legte der Vorstand der Dreschgenossenschaft Reihenfolge und Zeitdauer fest, wann und wie lange die einzelnen Bauern »maschinen« durften. Das ging nicht immer ohne Schwierigkeiten und Streitereien ab. Die großen Bauern benötigten zum Dreschen meist mehrere Tage, bei den kleinen, zu denen auch meine Familie gehörte, war weniger Zeit notwendig. Aber egal, die Dreschmaschine wollte jeder auf dem Hof haben, der ein paar Äckerchen hatte und Genossenschaftsmitglied war, das war einfach Ehrensache. Adrians benötigten zum Dreschen, je nachdem, wie die Ernte ausgefallen war, einen ganzen oder einen dreiviertel Tag. Weniger durfte es aber aus Prestigegründen nicht sein, lieber wurde die Arbeit etwas gestreckt.

Stand der Zeitpunkt des Dreschens fest, so brach heftige Geschäftigkeit aus. Zuerst mussten genügend Helfer eingeladen werden. Man brauchte alles in allem

Die Kirche von Oberau ist eine Simultankirche, d.h. sie wird von der evangelischen und der katholischen Kirchengemeinde gemeinsam genutzt.

etwa 15 Mann. Geld bekam keiner für seine Hilfe, aber Essen – und zwar immer besonders gutes Essen – auch das war Ehren- und Prestigesache.

Am Vorabend wurde unten das große Zimmer ausgeräumt, Tische und Stühle bereitgestellt und zum Morgenkaffee gedeckt. Die Dreschmaschine selbst musste auch schon am Vortag geholt werden. Das war schon eine größere Sache. Alle Nachbarn, selbst Frauen und größere Kinder strömten unaufgefordert herbei und halfen, das ungelenkige Ungetüm mit starken Seilen und Eisenhebeln und lauten »Hau Ruck« in den Hof zu ziehen. Das Kommando hatte der so genannte Maschinenführer, der bei der Genossenschaft für die Zeit des Dreschens angestellt war, der musste sich um alles kümmern. Meist war das ein kleinerer Bauer mit technischen Kenntnissen, der dieses Amt gerne nebenbei ausübte. Die Maschine wurde mit großen Riemen angetrieben, die entweder von einem Motorwagen, der mit Strom lief, betrieben wurden, oder von einem Bulldog (Traktor) mit Schwungrädern.

Morgens um sechs Uhr wurde zuerst ausgiebig Kaffee getrunken. Dazu gab es Butterbrot mit Gelee und Latwerge und dann ging es los. Drei besonders kräftige Männer wurden als Sackträger bestimmt. Sie mussten die Säcke mit den ausge-

Auf dem Dreschplatz erlebt man, wie mit einer Dreschmaschine das Korn gedroschen wird, angetrieben mit Riemen von Traktoren. Anschließend wird das Stroh zu Ballen gepresst und das Getreide in Säcken abgefüllt. Diese Dreschmaschinen kamen früher in jeden Bauernhof gefahren.

Lanz – Mannheimer Pioniere der Traktorenindustrie. Die Bezeichnung Bulldog ist weltweit bekannt.

droschenen Körnern auf den Hausboden schleppen. Für sie war eine Extraflasche mit klarem Schnaps bereitgestellt, daraus schenkte man ihnen je zur Stärkung zum Frühstück und zum Mittagessen ein Gläschen ein. Aber nur ihnen – die anderen bekamen Apfelwein. Es konnte aber auch vorkommen, dass sich ein Sackträger selbst bediente. Ich kann mich erinnern, dass einmal einer ewig lang nicht zurückkam. Wo konnte er bloß stecken? Sein Kollege fand ihn dann auf seiner nächsten Bodentour. Da lag er doch tatsächlich samt seinem Sack friedlich auf der Treppe und war nicht mehr zum Aufstehen zu bewegen! Ein anderer musste für ihn einspringen.

Den verantwortungsvollsten Posten nach dem Maschinenführer hatte der »Einleger« inne. Dieser musste die aufgeschnittenen Garben schön gleichmäßig – nicht zu schnell und nicht zu langsam – oben auf der Maschine in das Dreschwerk einlegen. Andere mussten »beiwerfen« oder Stroh setzen. Anstrengend war die gesamte Arbeit, dazu dreckig und vor allem staubig. Besonders unangenehm, wenn das Wetter dazu noch heiß und trocken war. Manch einer litt dann am berühmten »Dreschmaschinenfieber« – heute würde man es eine allergische Reaktion mit Schüttelfrost und erhöhter Temperatur auf Staub und Pollen nennen, die nicht ganz ungefährlich ist. Früher jedoch wurde oft gedacht, der Betroffene wolle sich vor der Arbeit drücken. Aber trotz allem, man war lustig und fröhlich und es gab auch viel Jux und Spaß bei der Sache.

Zum Frühstück bekamen die »Maschinenleute« Blut- und Leberwurst, auch selbst gemachten Kochkäse und Senfgurken mit Butter und Backhausbrot. Als etwas ganz Besonderes aber galten Schinken und Schwartenmagen. Gab es das einmal zum Frühstück, wurde es bei den Helfern noch lange danach lobend erwähnt. Das Mittagessen bestand in der Hauptsache aus einer guten, kräftigen Fleischbrühe mit selbst hergestellten Nudeln, danach Fleisch, Kartoffeln und Gemüse. Und am Nachmittag – meistens war um diese Zeit bei Adrians Schluss mit dem Dreschen – hat Adrians Gretchen immer Unmengen an »Quetsche- und Riwwelkouche« (Zwetschgen- und Streuselkuchen) aufgetischt. Das schmeckte allen ganz prima und selten blieb etwas übrig.

Der Baiersröderhof, auch Pfaffenhof gennant, zwischen Marköbel und Ostheim, 1139 erstmals erwähnt.

Taubenbrüstchen in Sahnesoße

Von Harald Nanz, Hüttengesäß

900 g Taubenbrüstchen ohne Haut	mit
6 EL Worcestersoße oder Sojasoße	einreiben.
1 mittlere Zwiebel	schälen, halbieren und in Streifen schneiden. In einem Schnellkochtopf
2 EL Sonnenblumenöl	erhitzen. Die Taubenbrüstchen von beiden Seiten gut anbraten, herausnehmen. Nun die Zwiebeln im Bratensatz anbraten und mit
200 ml Wasser	ablöschen. Taubenbrüstchen wieder in den Sud legen und verschlossen etwa 45 Minuten schmoren. Hat man keinen Schnellkochtopf, benötigt man bei schonender Temperatur etwa 1 Stunde länger. Sobald die Taubenbrüstchen weich sind,
200 ml süße Sahne	zugeben, mit etwas
Pfeffer, Salz	abschmecken und mit
Mehlschwitze (hell)	vollenden.

Dazu schmecken Reis und grüner Salat. Statt Taubenbrüstchen kann das Rezept auch mit Entenbrust zubereitet werden.

Tauben auf der Eibehecke

Apfelpfannkuchen

Von Dr. Burkhard Freiherr von Dörnberg, Pfarrer von Ober- und Niederissigheim

4 Eier	trennen, das Eiklar zu Schnee aufschlagen.
4 mittelgroße Äpfel	waschen, entkernen, nach Belieben schälen und in dünne Scheiben schneiden. In einer geräumigen Schüssel die 4 Eigelb mit
160 g Mehl	
1 Prise Salz, 25 g Zucker	und so viel
Milch	wie notwendig ist, um bei niedriger Stufe einen nicht zu flüssigen Teig herzustellen, verrühren. Den Eischnee vorsichtig unterheben. In einer Pfanne etwas
Öl	erhitzen, den Teig portionsweise hineingeben, verteilen und mit einigen Apfelscheiben belegen. Der Apfelpfannkuchen wird von beiden Seiten in der Pfanne goldbraun gebacken. Fertige Apfelpfannkuchen können bei etwa 100 °C im Ofen warm gehalten werden. Vor dem Verzehr kann noch etwas
Zucker	auf den Pfannkuchen gestreut werden.

Besonders lecker:
Apfelpfannkuchen zusätzlich mit Nutella bestreichen. Beim Schlagen des Eischnee müssen Schüssel und Besen kalt und fettfrei sein. Geben Sie eine Prise Salz und Zucker zum Eiklar hinzu, dann gelingt der Schnee am besten.

Evangelische Kirche in Niederissigheim von 1735

Oberissigheim – Blick zur Kirche mit einem Fachwerkhaus von 1817 der Familie Lind im Vordergrund

Ronneburger Äppelschales – Ein ganz besonderes Dessert

Es muss in irgendeinem Oktober vor etwa 100 Jahren gewesen sein, in irgendeiner Küche einer kreativen Ronneburger Bäuerin. Der Bauer und sein Knecht arbeiteten im Hof und warteten auf das Mittagessen. Die Apfelbäume in der Wingerte hatten die beiden in den vergangenen Tagen ordentlich geschüttelt und viele Äpfel mit ihrem »Duortswaache« bereits nach Hause gebracht, vor allem die Sorten Kaiser Wilhelm, Himbächer Grüne, Gravensteiner, Boskoop und Ditzels Rosenapfel waren in diesem Jahr besonders reichhaltig ausgefallen. Es sollte somit auch ein guter Apfelwein werden, denn die Mischung war vielversprechend. Auch die Bäuerin hat sich von den Äpfeln schon einige für ihre Küche gesichert. Die Boskoop-Äpfel hat sie eingelagert, denn die sind erst nach Weihnachten so richtig »mürb« und genussreif – ideal für den Backhauskuchen. Einige »geplotzte« hat sie gleich als Gelee eingekocht.

Mit den zehn schönsten aber hatte sie etwas ganz Besonderes vor. Schorsch, ihr Mann und Peter, der Knecht, aßen für ihr Leben gerne Apfelkuchen. Nur die Bäuerin konnte zur Zeit keinen Blechkuchen im Backhaus backen, weil sie einerseits kein Kuchenblech und in dieser Woche auch keinen Termin für's Backhaus hatte. Da fiel ihr der eiserne Schmortopf ein, den ihre Schwester einmal aus Hanau mitgebracht hatte. Darin machte sie angeblich den besten Schweinebraten vom »Ewedorf«. Wenn ich kein Blech habe – dachte sie sich, vielleicht klappt es ja in dem Schmortopf. Voller Eifer setzte sie einen Mürbeteig an, rollte ihn mit einem »Welscherholz« aus und kleidete damit den ausgefetteten Topf aus. Die Äpfel hat sie in kleine Würfel geschnitten, mit etwas Zucker und Apfelwein »engemeert«. Nun füllte sie den Topf bis oben hin mit Apfelwürfeln und machte aus dem restlichen Teig einen Deckel, mit dem sie oben rundherum gut abschloss. Das Experiment kam nun in den Ofen, den sie mit ordentlich Feuer vorheizte. Nach einer Stunde, die Bäuerin war schon sichtlich aufgeregt, holte sie den Topf aus dem Ofen. Ihr Mann und der Knecht saßen längst hungrig am Tisch – der duftende Kuchen hatte sie ins Haus gelockt.

Manfred Kromm beim Pflücken der heimischen Apfelsorten für den Wintervorrat. Nicht jeder Apfel hat mit der Erntereife auch die Genussreife. Manche Sorten wie etwa der Boskoop schmecken tatsächlich erst im Januar.

Der Bauer war sehr überrascht, als sie mit dem Schmortopf ankam »Wos Huost de dann do wirrer fier Bosse gemoocht? En Kouche iem Krobbe!«, sie lachten beide, legten aber gleich los und machten sich über den Kuchen her. Selten hörte sie ihre »beiden« Männer so laut schmatzen, wie an diesem Tag. Und von nun an fragte der Schorsch seine Frau öfters' mal, wann sie denn wieder einen Apfelkuchen »in der Schale« – also einen Äppelschales – machen würde. Der sonderbare Äppelschales war bald im ganzen Dorf bekannt und wurde in vielen Häusern zu festlichen Anlässen bereitet – sofern man Äpfel hatte. Aber auch für die Zeit, in der es keine Äpfel gab, fanden die Ronneburger schnell Ersatz – es gibt nämlich auch einen Kartoffelschales.

Erklärung/Übersetzung:
Duortswaache – Kastenwagen (Dunghortwagen)
Geplotzte – Angestoßene Äpfel, Fallobst
Ewedorf – das Oberdorf. Auch noch so kleine Dörfer wurden immer in Ober- und Unterdorf eingeteilt.
Engemeert – Teig angesetzt
Bosse – Scherze
Krobbe – Topf, Bräter
Welscherholz – Nudelholz zum »Teig auswellen«

Bei der Apfelernte müssen alle mit anpacken.

Eines der kleinsten Kirchengebäude dieses Buches. Nach Zerstörung im Dreißigjährigen Krieg wurde die Kirche ab 1715 wiederhergestellt und eine Doppelempore eingebaut. Haingründau wurde 1173 erstmals erwähnt.

Ronneburger Äppelschales

Der Teig

500 g Mehl	durchsieben, mit
200 g Puderzucker	auf die Arbeitsplatte geben. In der Mitte eine Mulde machen und
200 g weiche Butterwürfel	hineingeben.
2 Eier	sowie das ausgekratztes Mark
1 Vanilleschote	dazugeben. Nun alles gut zu einem Mürbeteig verkneten, nicht zu lange kneten, sonst wird er warm und »brandig« (bröselig). Dann kühl stellen. Zwischen zwei Backpapieren können Sie den Teig dann bequem ausrollen, je nach gewünschter Teigdicke. Zum genauen Ausstechen drücken Sie eine beliebige Kuchenform mit Boden- und Wandflächen auf die Teigplatte. Dann zuschneiden und die gebutterte Kuchenform damit auskleiden – etwas Teig für den Deckel nicht vergessen.

Die Füllung

500 g Apfelfruchtfleisch	in feine Würfel schneiden, mit
80 g Zucker	
100 g gemahlene Mandeln	
4 cl Rum	vermischen. Nach Belieben noch
100 g Rosinen	untermischen. In die Form, auf den Teig füllen. Dabei vorsichtig arbeiten, damit der Rand sauber bleibt. Nun den Teig-Deckel auflegen und den Rand gut und dicht andrücken. Mit einem kleinen Ausstecher ein kleines Loch als Kamin in die Mitte stechen, damit austretender Dampf entweichen kann. In der Zwischenzeit haben Sie bereits Ihren Ofen per Knopfdruck vorgeheizt – wir denken mal an die Bäuerin, die dafür erst einmal Holz hacken musste. Den Äppelschales bei 180°C etwa 50 bis 60 Minuten backen.

Dazu passt hervorragend Vanillesoße oder eine Apfelweinschaumsoße.

Der Keltengrabhügel am Glauberg

Baumkucheneis

Von Claudia und Klaus Arndt, Hüttengesäß

200 g Baumkuchen	in kleine Würfel schneiden und mit
4 cl Rum	beträufeln, 2 Stunden ziehen lassen. Bei Kindern können Sie anstelle des Rums etwas eingekochtes
Zuckerwasser	verwenden. Das macht man, damit die Kuchenstücke im gefrorenen Eis weich bleiben.
100 g Zucker	mit
2 Eier	in einer runden und glatten Metallschüssel über einem Wasserbad schaumig schlagen, bis die Masse etwa das doppelte Volumen hat. Dabei nicht aufhören, sonst gerinnt das Ei über dem heißen Wasser. Nun die Schüssel auf kaltem Wasser oder Eiswürfeln kalt rühren.
300 ml süße Sahne	steif schlagen und bereit stellen. Nun die Schlagsahne – auf zwei oder drei Portionen verteilt – ganz vorsichtig unterheben. Zuletzt die Baumkuchenstücke zugeben. Eine Kastenform leicht mit
Öl	ausstreichen, mit Klarsichtfolie auskleiden, die Eismasse einfüllen und mindestens 7 bis 8 Stunden einfrieren.

Dazu passen geschlagene Sahne, Schokoladenstreusel und Vanillesoße.

Die Holzschneidemaschine aus den 1950er Jahren von Hans Arndt beim Festzug 1986. Mit diesem Gerät fuhr Herr Arndt von Hof zu Hof und zerlegte das Brennholz.

Familie Arndt in Hüttengesäß – sie ist seit vielen Generationen der heimischen Landwirtschaft und dem Gartenbau der umliegenden Dörfer verbunden. Früher hatten sie Drescherei, Sägewerk, Traktor- und Landmaschinenhandel; hier bei einem Festzug 1954.

Birnsticker med Kließt (Birnenstückchen mit Klößen)

Es war einmal ein Hüttengesäßer kleiner Junge, der nach Bad Orb zur Kur kam. Nachdem die Kur erfolgreich beendet war, durfte er sich zum letzten Tag sein Lieblingsgericht wünschen – das waren »Bernstecke med Kließt«. Er wusste natürlich nicht, dass dieses Gericht in Bad Orb unbekannt war, somit bekam er Dosenbirnen mit einfachen Kartoffelklößen.

Von Klaus Altmannsperger, Hüttengesäß

4 – 6 EL Weißbrotkrumen oder Weckmehl	in
3 EL Butter	anrösten und zur Seite stellen.
200 g Mehl	mit
160 – 180 ml Wasser	glatt rühren.
3 Eier	sowie
1 Prise Salz	hinzufügen und einen weichen Teig daraus herstellen (Er muss grob zähflüssig sein).
1 Dose Birnen (800 ml Gesamtvolumen, 400 g Fruchtfleisch)	abgießen und den Saft zum Kochen bringen, am besten noch etwas Wasser zugeben. Mit einem Teelöffel kleine Teig-Klößchen in die kochende Flüssigkeit geben und kurz durchkochen lassen. Dann die in Achtel geteilten Birnen hinzugeben. Zuletzt die Brotkrumen darüber streuen.

Manche mögen dazu Zucker und Zimt, andere wiederum mögen gar keine Brotkrumen. Jeder hat da seine eigenen Vorlieben. Auch die Festigkeit der Klöße ist ein Thema für sich – manche Familien machen bissfeste Klöße, bei anderen sind sie ganz weich. Das Rezept kann man auch mit Zwetschgen zubereiten.

Junges Lamm bei der Geißfurtmühle

Erdbeer-Tiramisu

Von Norgard Usinger, Gründau

200 g Löffelbiskuits	in eine Form legen und mit
6 EL Amaretto	beträufeln, kurz ziehen lassen.
500 g Erdbeeren	putzen, vierteln und mit
50 g Zucker	bestreuen.
250 g Speisequark	mit
250 g Mascarpone	
50 g Zucker	sowie
1 Pck. Vanillinzucker	verrühren. Zuletzt vorsichtig
200 ml geschlagene Sahne	unterheben. Die Hälfte der Creme auf den Löffelbiskuits verstreichen, Erdbeeren darauf verteilen und dann den Rest der Creme obenauf schön verstreichen. Mit
Kakaopulver	bestäuben.

Hessischer Apfeltraum (für 6 Personen)

Von Gisela Köhler, Hüttengesäß

200 g Löffelbiskuits	in eine flache Auflaufform legen. Mit
4 EL Calvados	beträufeln.
500 g Apfelmus	darauf verstreichen.
200 g Sahnequark	mit
75 g Zucker	und
1 Pck. Vanillinzucker	vermischen. Nun
100 ml geschlagene Sahne	vorsichtig unterheben und auf das Apfelmus streichen. Etwa 2 Stunden im Kühlschrank ziehen lassen. Vor dem Servieren mit
Zimt	bestäuben.

Für Kinder mit Apfelsaft statt Calvados.

Alte Schule am neuen Ortsmittelpunkt in Lieblos

Hewekließt med Dirrobst (Hildes Hefeklöße)

Hefeklöße gab es früher sehr oft in den bäuerlichen Haushalten des Ronneburger Hügellandes als Mittagessen.

Von Rosi Köhler, Hüttengesäß

1 kg Mehl	mit
1 Würfel Hefe	
2 Eier	
4 EL Butter	
4 EL Zucker	
1 Prise Salz	sowie
½ l Milch	zu einem Hefeteig verarbeiten, gehen lassen, dann Hefeklöße formen und nochmals gehen lassen.
500 g Dörrobst	in einen Topf geben, mit Wasser gut bedecken und kochen lassen.
200 ml Pflaumenmus	und
1 EL Zuckerrübensirup	zugeben und nochmals aufkochen lassen. Dann die Hefeklöße draufsetzen und zugedeckt 20 Minuten köcheln lassen. Auf keinen Fall vorher den Deckel öffnen, sonst fallen die Hefeklöße zusammen.

Orleshausen – Ortsmitte

Kreppel (Berliner)

Alle Zutaten abends herausstellen (Zimmertemperatur)

Von Elke Itt, Hüttengesäß

30 g Hefe	mit
1 TL Honig	überziehen – Achtung – er wird gleich flüssig. Mit
500 g Mehl, 50 g Zucker	
80 g Butter	
1 Prise Salz	
4 Eigelb	
100 ml Rum	sowie
250 ml Milch	gut verkneten. So lange kneten, bis es ein Kloß ist (Die Teigschüssel ist dann fast sauber). Nach Bedarf noch etwas Mehl zufügen. In einer Plastikschüssel, abgedeckt mit einem Handtuch, an einem warmen Ort gehen lassen. Dann nochmals durchkneten, kleine Bällchen mit einem Löffel ausstechen oder mit bemehlten Händen formen, nicht größer als ein Tischtennisball. Auf ein bemehltes Blech oder Holzbrett locker und großzügig auslegen, leicht draufdrücken. Mit einem Handtuch bedecken und noch einmal gehen lassen. In einer breiten, hohen Pfanne oder einem Topf, halbvoll gefüllt mit
Frittierfett	nun drei bis vier Kreppel vorsichtig und zügig mit der Hand einlegen – sofort den Deckel auflegen und nach »Sicht« bräunen. Nicht zu viele einlegen, sonst kühlt das Fett zu sehr ab. Den Deckel herunternehmen und mit zwei Löffeln die Kreppel wenden, sofort wieder den Deckel auflegen und fertig backen. Die Kreppel mit einem Seihlöffel auf einem Teller mit Küchenkrepp absetzen. Je nach Belieben kurz danach in
Zucker oder Puderzucker	wenden. Gerne werden die Kreppel mit
Konfitüre	gefüllt.

Schön wäre es, wenn Sie einen Glasdeckel benutzen, so sehen Sie das Produkt besser.

Zur Temperaturkontrolle: Wenn an einem Holzlöffel, den man in das Fett taucht, kleine Bläschen aufsteigen, ist das Fett heiß genug.

Blick auf die Rüdigheimer Kirche

Gussringel

Von Silke Kling, Altenstadt/Höchst

> *Machen Sie sich Ihren Vanillezucker selbst. Ausgekratzte Vanilleschoten einfach in verschlossene Behälter mit Zucker geben und einige Wochen »reifen« lassen. Immer wieder verwendbar, das Aroma hält sehr lange an.*

375 g Butter (Zimmertemperatur)	mit
500 g Zucker	
1 Pck. Vanillinzucker	
4 Eier	sowie
2 EL Zitronensaft	nach und nach mit der Küchenmaschine oder mit dem Handmixer verrühren. Zum Schluss
1 kg Mehl	und
1½ Pck. Backpulver	darunter geben. Der Teig sollte gut ausrollbar sein, daher bei Bedarf etwas mehr Mehl nehmen.

Den Teig etwa 4 mm dick ausrollen. Dann rund 5 cm große Kreise ausstechen. Mit einem Fingerhut je ein Loch in der Mitte ausstechen. Die Plätzchen auf ein Blech setzen und bei 160 °C (Umluft) etwa 10 Minuten backen.

Der Guss

1 Eiklar	steif schlagen und
250 g Puderzucker (gesiebt)	darunter rühren. Den Guss auf den noch warmen Plätzchen mit einem Backpinsel verteilen.

Büches – alte Schule, Backhaus und Spritzenhaus

Die evangelische Kirche Höchst von 1743

Karamellbonbons (Guts)

Karamellbonbons machte unsere Oma als Kind, wenn ihre Eltern außer Haus waren. Sie dachte immer, es würde keiner merken, aber der Karamellgeruch stand noch lange in der Küche. Die Eltern stellten dann immer fest »Se hunn wirrer Guts gebacke«.

25 g Butter	schmelzen, etwa
120 g Zucker	zufügen und so lange auf kleiner Flamme rühren, bis sich alles aufgelöst hat und die Masse karamellisiert. Nun
20 ml Milch	und
20 ml süße Sahne	zugeben und so lange weiterrühren, bis die Masse leicht bräunt. Auf ein Backpapier gießen und in leicht abgekühltem Zustand in Stücke schneiden.

Vorsicht, man kann sich leicht bei Zuckerarbeiten verbrennen.

Ritterspiele auf der Ronneburg

»Guts« – Karamellbonbons

Der Grießbrei – oder das besondere Gewürz

Eine wahre Geschichte – nacherzählt von Helmut Schäfer, Hüttengesäß

De Woachnersch Peder, en Suh vo de Schdäffe Triene, woar seid em halwe Juhr mem Biedebennesch Greedsche vehoiruot. Des Greedsche schdammd aus de Marinschdruoße, se hunn zwesches Ruures un em Hädde gewuhnt.
Gräißbrei woar em Peder soi Leib- unn Moachegerischd. Wäi's Greedsche des ierschdemoll Gräisbrei gekocht hoatt, hoarrerem naud geschmogge – er huod gesaad – de Moamme iehrn woar besser, däi huod do wuhl e besuonnerschgoud Gewirz droh gemoocht. Des Greedsche huod alles ausbrowierd, se kuond suonst gasche goud koche, backe owwer bruere.
Oh em schiene Freidoachsnochmeddoach kohm de Peder voh de Ärwed hoam, es huod wirrer emuol Gräißbrei uffem Keschedesch geschdanne. Wäi de Peder de ierschde Leffel gässe hoad, de zwädde harre groad iem Maul, doh huorre die Aache vedreht un debei geschmazd und gesaad – ez huosde des rischdische Gewirz droh – ez schmeckt er wäi dehoam!
Doh säd's Greedsche – nigs leischder wäi doas! Ohm Brei ies koa besuonnersch Gewirz, er ies mer nur ewink – ohgebrennd!

Gräisßbrei (Grießbrei)

Mit Zimtzucker, Himbeermark oder selbst eingelegten Obstkonserven immer sehr beliebt.

½ l Milch	in einem mittleren Topf erhitzen. Das ausgekratzte Mark
½ Vanilleschote	sowie
50 g Zucker	und
50 g Butter	zufügen. Sobald die Milch zu kochen beginnt,
60 g Grieß (Weichweizengrieß)	regenartig einrieseln lassen, dabei mit dem Schneebesen gut durchrühren und einige Minuten köcheln lassen, bis der Grieß die Milch bindet und dicker wird. Dann vom Feuer nehmen, in eine Schüssel füllen und nebenbei
3 Eiklar	mit etwas
Zucker	zu steifem Schnee schlagen. Den Eischnee zügig, aber dennoch vorsichtig unterheben. In kleine Gläschen füllen.

Evangelische Schlosskirche in Meerholz. Berühmtester Besucher war Kaiser Wilhelm II., anlässlich einer gräflichen Hochzeit 1906.

Apfelweinkuchen

Von Margret Stahl, Ostheim

> *Nach dem Erkalten auf Wunsch mit Sahnetupfern garnieren.*

200 g Mehl	mit
1 TL Backpulver	
75 g Zucker	
1 Pck. Vanillinzucker	
75 g Margarine	sowie
1 Ei	zu einen Mürbeteig verarbeiten und damit eine Springform am Boden und am Rand auslegen, kurz kalt stellen.
750 g – 1000 g Äpfel	schälen, Kerngehäuse entfernen, erst in Spalten, dann in Würfel schneiden und mit
200 g Zucker	sowie
750 ml Apfelwein	kurz aufkochen.
2 Pck. Vanillepuddingpulver	mit etwas
Apfelwein (kalt)	anrühren und in die heiße Apfelmasse einrühren, bis alles angedickt ist. Etwa 3 bis 4 Minuten noch auf kleiner Stufe vorsichtig köcheln lassen. Noch heiß in die ausgelegte Springform geben und bei 175 bis 180 °C etwa 45 Minuten backen.

Familie Muth und Rott betreibt die Hüttengesäßer Kelterei seit über 25 Jahren

Ostheim – Blick zur Kirche

Apfelwein

Die zahlreichen Streuobstwiesen unserer Region zwischen Spessart und Wetterau sind Garant für ertragreiche Obsternten. Äpfel, Birnen, Zwetschgen und Quitten werden in den Haushalten zu Marmeladen, Latwerge, Säften und Kuchen verarbeitet. Bereits 1824 wurde in Hüttengesäß in der Wingerte (umgangssprachliche Gemarkungsbezeichnung für Weingarten) und Neuwiedermuß am »Weißen Berg« Weinbau betrieben, aber auch in den Dörfern rundum – besonders in Gelnhausen, Langenselbold, Rothenbergen und im Freigericht.

Der Apfelwein jedoch hat sich in unserer Region am stärksten durchgesetzt. Viele alte Sorten wie Kaiser Wilhelm, Himbächer Grüner, Ditzels Rosenapfel, Cox Orange, Mecklenburger, Boskoop, Gravensteiner, Schafnase, Renetten und die berühmte

Familienkelterei Walther in Bruchköbel

Der große Speierlingbaum in der Hüttengesäßer Gemarkung Goldgrube. Der Speierling ist eine »gezähmte« Eberesche, die dem Apfelwein zur Qualitätsverbesserung zugesetzt wird.

Kelterfrucht »Speierling« – eine, nennen wir sie mal »gezähmte« Eberesche, die dem Apfelwein zugesetzt wird – machen unseren Apfelwein so interessant. Viele Sorten bedeuten auch unterschiedliche Reife – der Boskoop etwa, einst in Holland »gefunden«, ist erst im Januar schön genussreif und ein beliebter Kuchenapfel.

Die Äpfel, die man für den Eigenverzehr nutzen möchte, werden gepflückt und im Keller – vor Frost geschützt – eingelagert. Die anderen werden geschüttelt und mit Freunden und Verwandten »gelesen«, meist Ende September/Anfang Oktober, und zur Kelterei gefahren. Das geht ganz schön in die Knochen und macht müde, aber »dabei sein« ist alles. In der Kelterei werden sie gewogen und dem Lieferanten entweder auf ein »Saftkonto« gutgeschrieben oder ausgezahlt. Viele nehmen sich frischen Süßmost mit – bei uns »Soiße« oder »Süße« genannt – der frisch von der Presse sehr lecker schmeckt und richtig gesund ist! Andere nehmen ihren Most direkt in Fässern mit und lassen ihn – verschlossen mit einem Gärröhrchen – zu Apfelwein vergären. Dieser Gärspund lässt »blubberndes« Gärgas heraus, aber keine Luft hinein.

Am besten nutzt man eine schöne Mischung aus vielen Apfelsorten für den Apfelwein. Mittlerweile setzen sich jedoch auch immer wieder sortenreine Apfelweine mit sehr guter Qualität durch. Wie erwähnt, ist der Speierlingapfelwein nach wie vor ein Klassiker unter den hessischen Apfelweinvarianten.

Da wird zuerst nach ein paar Tagen aus dem frischen Süßmost der Rauscher, vergleichbar mit dem »Federweißer« beim Wein. Dann dauert es etwa bis kurz vor Weihnachten und der Apfelwein ist sozusagen fertig. Nun wird er »abgezogen«, das heißt, mit einem Schlauch zieht man den Apfelwein in ein neues, sauberes Fass und im Gärfass verbleiben die abgesetzte Hefe und Trübstoffe. Der Apfelwein im Handel ist klar oder naturtrüb erhältlich, man trinkt ihn pur, aber auch gespritzt mit Mineralwasser oder Limonade – die Jugend genießt ihn gerne mit Cola, was altehrwürdige Apfelweinfreunde nicht so gerne sehen – aber so hat jede Generation ihre Vorlieben.

Äppelwoi iss famos – dem eine geht's in de Kopp – dem annern in die Hos'!

»Gerippte und Bembel« (Apfelweingläser und Krüge), das hessische Nationalgetränk

Apfelbrot

Von Doris Neubert, Hüttengesäß

1 kg Äpfel	reiben.
250 g Zucker	sowie
250 g Rosinen	unter die Äpfel mischen und über Nacht im Kühlschrank stehen lassen.
150 g Haselnüsse (ganz)	mit
100 g Nüsse (gemahlen)	
50 g Kokosraspel	
1 EL Kakao	
1 EL Rum	
1 TL Zimt, ½ TL Nelken	
500 g Mehl	sowie
2 Pck. Backpulver	vermischen und unter die Apfelmasse kneten. In eine gut gefettete Kastenform geben und etwa 1 Stunde bei 175 °C backen.

Apfelernte in der Ronneburger Gemarkung »Goldgrube«

Apfelblüte

Frankfurter Bethmännchen

Bethmännchen haben Ihren Ursprung in der Frankfurter Patrizierfamilie Bethmann. Ursprünglich wurde das Gebäck mit vier Mandelhälften besteckt – für jeden Sohn der Familie eine. Tragischerweise verstarb einer der Söhne. Fortan wurden nur noch drei Mandeln verwendet. Dieses Rezept ist im ganzen Rhein-Main-Gebiet ein Klassiker unter dem Weihnachtsgebäck.

Von Dr. Peter Tauber, Gelnhausen, Mitglied des deutschen Bundestags für den Wahlkreis Hanau

100 g Mandeln (ganz)	in eine Schüssel geben, mit kochendem Wasser übergießen, ziehen lassen und dann die Haut abziehen. Die geschälten Mandeln halbieren und zur Seite stellen.
250 g Marzipanrohmasse	in eine Rührschüssel geben und grob zerkleinern.
80 g Puderzucker	mit
25 g Mehl	sieben und mit
60 g Mandeln (gemahlen)	sowie
1 Eiklar	zum Marzipan geben. Alles zu einem geschmeidigen Teig verkneten. Die Marzipan-Mandelmasse zu Kugeln mit einem Durchmesser von 2 cm formen, in eine leicht »eiige« Form rollen und auf ein Backblech stellen. Die Bethmännchen mit drei Mandelhälften bestecken. Für die Glasur
1 Eigelb	mit
1 EL Rosenwasser oder Amaretto	vermischen und die Bethmännchen damit bestreichen. Im Ofen bei 140 °C ungefähr 15 bis 20 Minuten backen.

Blick vom »Halbmond« – einem alten Verteidigungsturm auf Gelnhausen; im Hintergrund Hailer und Meerholz

Duurenweck

Früher gab es zum Trösterkaffee nur Radonekuchen (Rosinenguglhupf). Die Formen lieh man sich in der Nachbarschaft aus und bereitete das Backen im Backhaus zu. Die Sitte mit Blechkuchen hat sich erst nach dem Krieg durchgesetzt. Weiche Eierweck werden zu Trauerkaffee mit dem Kuchen gereicht.

Aus einem alten Familienkochbuch von Wilhelm Uhrig, Neuberg

75 g Butter	schmelzen lassen.
150 ml Milch	leicht erwärmen und
1 Würfel Hefe	darin auflösen.
500 g Mehl	in eine große Schüssel sieben.
75 g Zucker	
1 Prise Salz	sowie
2 Eier	und den Hefeansatz zugeben, einen Hefeteig kneten. Nach gutem Durchkneten den Hefeteig auf das Doppelte aufgehen lassen. Dann den Teig nochmals gut durchkneten und in Stückchen von etwa 50 g teilen. Aus diesen Stückchen etwa 8 cm lange Röllchen formen und auf ein Backblech setzen, das mit Backpapier ausgelegt ist. Nochmals 20 Minuten gehen lassen. Dann die Röllchen mit
1 Eigelb	bestreichen und im vorgeheizten Backofen bei 160 °C etwa 20 bis 25 Minuten backen.

Alternativ kann man auch Rosinen oder Korinthen in den Teig geben.

1947 zum ersten Mal benutzt – die Aussegnungshalle in Hüttengesäß – im Hintergrund die Kirche

Butterkuchen

Von Thorsten Philippi, Philippi's Backstube, Nidderau Windecken

Der Hefeteig

300 g Weizenmehl	mit
30 g frische Hefe	
240 ml Milch	gut verkneten (den Vorteig zubereiten) und dann 30 bis 45 Minuten ruhen lassen. Für den Hauptteig
400 g Weizenmehl	
80 g Zucker	
95 g Butter	
10 – 12 g Salz	
1 Ei	sowie
110 ml Milch (kalt)	zum Vorteig dazugeben und alles gut kneten. Der Teig soll nun nochmals 20 Minuten ruhen.

Der Belag

100 g Butter	im Topf schmelzen und
60 g Zucker	
1 Prise Salz, 1 Prise Zimt	sowie
100 g Mandeln (gehobelt)	einrühren. Danach
1 Ei	zugeben. Diese Masse abkühlen lassen und auf dem ausgerollten Teig verteilen. Etwa 30 bis 40 Minuten ruhen lassen. Dann bei 180 °C etwa 20 bis 25 Minuten backen Nach dem Backen noch heiß mit etwas
süße Sahne	überspinnen.

Der Marktplatz in Windecken mit dem Rathaus und der Konditorei Philippi. Übrigens – der Schweizer Schokoladenhersteller Lindt hat auch Wurzeln in Windecken: Johann Rudolf Lindt erfand 1879 in Bern ein Gerät zur Herstellung von Chocolat fondant, die berühmt-cremige Schweizer Milchschokolade. Er ist ein Nachkomme der schon vor 1605 in Windecken ansässigen Familie Lindt, die noch um 1900 in der Fahrgasse eine Bäckerei besaß.

Buttermilchkuchen vom Blech

Schnell, einfach und ohne Waage. Sie benötigen lediglich einen leeren 200g-Becher als Maßeinheit.

Von Doris von Gall, Hüttengesäß

Dieses Grundrezept lässt sich vielfältig variieren – mit Kakao, Zimt, Lebkuchengewürz oder Rum.

4 Becher Mehl	mit
2 Becher Zucker	
2 Becher Buttermilch	
1 Pck. Backpulver	
1 Pck. Vanillinzucker	sowie
2 Eier	in einer Schüssel verrühren und auf einem gefetteten Blech verstreichen.
½ Becher Kokosflocken	mit
½ Becher Zucker	vermischen und über den Teig streuen. Bei 175 °C etwa 20 bis 25 Minuten backen. Nach dem Herausnehmen sofort
2 Becher süße Sahne	darüber gießen, fertig.

In der Hofreite Reuter, Langstraße 1, Hüttengesäß, befand sich bis zum Ersten Weltkrieg die Wirtschaft der Familie Habermann.

Die Ronneburger Radler erkunden die nähere Heimat auf ihren Touren.

Rosemaries Bienenstich

Von Nicole Weil-Ruth und Jochen Ruth, Eckartshausen

Der Teig

250 g Mehl	mit
20 g Zucker, 1 Prise Salz	
50 g Margarine	
125 ml Milch	sowie
1 Würfel Hefe	zu einem Hefeteig verarbeiten. Abgedeckt 30 Minuten an einem warmen Ort gehen lassen. Den Teig dann nochmals durchkneten, anschließend auf einer gebutterten 26er Springform auslegen. Für den Belag

Der Belag

50 – 75 g Butter	
100 g Zucker	
1 Pck. Vanillinzucker	

Die Buttercreme gelingt am besten, wenn alle Zutaten die gleiche Temperatur haben.

Alte Schule in Calbach. Der Ort wird bereits 750 erwähnt, bis 1711 noch als geteilte Siedlung, die linke Dorfseite gehörte zum Gericht, Schule und Kirchspiel Büdingen, die andere zu Düdelsheim/Glauberg.

1 EL Milch	sowie
125 g Mandeln (gehobelt) oder Haselnüsse	miteinander verrühren, aufkochen lassen und so lange kochen, bis die Masse glasig und glänzend ist. Dann auskühlen lassen und gleichmäßig auf den Teig streichen. Bei Heißluft (150° C) etwa 20 bis 25 Minuten backen. Für die Füllung

Die Füllung

1 Pck. Vanillepudding	mit
375 ml Milch	kochen, etwas mehr
Zucker	zugeben, als auf der Packung angegeben. Den Pudding kalt rühren und mit
125 g Butter	eine Buttercreme herstellen. Den erkalteten Teig nun horizontal (waagerecht) aufschneiden, die untere Hälfte mit der Füllung bestreichen, die obere Teigplatte in die gewünschten Stücke schneiden und auf die Füllung legen, so drückt sich beim Schneiden keine Creme heraus.

Den Pudding können Sie schon am Vortag zubereiten und kalt rühren, damit sich keine Haut bildet.

Blick auf Eckartshausen

Kuchen beim Backhausfest in Diebach am Haag

Erdbeertraumtorte

Von Norgard Usinger, Gründau

3 Eier	mit
3 EL Wasser (kalt)	schaumig aufschlagen.
150 g Zucker	und
1 Pck. Vanillinzucker	zugeben. So lange schlagen, bis eine dicke, cremige Masse entstanden ist.
1 Pck. Vanillepuddingpulver	sowie
120 g Mehl	vermischt mit
1 – 2 TL Backpulver	auf die Masse sieben und vorsichtig unterheben. In eine mit Backpapier ausgelegte, gefettete 26er Springform geben und im vorgeheizten Backofen bei 200 °C etwa 20 bis 25 Minuten backen. Dann auskühlen lassen.

Der Belag

600 g Erdbeeren	vorbereiten. Einen Tortenring um den Biskuit legen. 10 große Erdbeeren pürieren, ein paar zur Verzierung aufheben. Die restlichen Erdbeeren in dünne Scheiben schneiden. Erdbeerscheiben von innen an den Rand der Form stellen, die übrigen auf dem Boden verteilen.
12 Blatt weiße Gelatine	in kaltem Wasser einweichen.
400 ml süße Sahne	steif schlagen.
500 g Joghurt	mit
100 g Zucker	und dem ausgekratzten Mark
1 Vanilleschote	verrühren. Das Erdbeerpüree zugeben, die ausgedrückte Gelatine bei milder Hitze etwas auflösen und unter die Joghurtmasse geben. Die Schlagsahne unterheben und die Masse auf der Torte verteilen. Gut durchkühlen lassen.

Die Torte mit Sahnetupfern und Erdbeeren garnieren.

Die Burgruine Hardeck auf dem gleichnamigen Hügel bei Lorbach

Erdbeer-Streuselkuchen

Von Monika Rolko, Hüttengesäß

200 g Margarine	mit
200 g Zucker	und
1 Pck. Vanillinzucker	schaumig schlagen, bis sich der Zucker aufgelöst hat. Nacheinander
5 Eier	einmontieren.
300 g Mehl	vermischt mit
1 Pck. Backpulver	unterrühren. Den Teig auf ein gefettetes Backblech streichen.
1 kg Erdbeeren	waschen, trocken tupfen, putzen und vierteln. Gleichmäßig auf dem Teig verteilen. Den Backofen auf 180 °C vorheizen.
200 g Mehl	mit
120 g Butter	
100 g Zucker	und
1 Pck. Vanillinzucker	zu einem Streuselteig verkneten und auf den Erdbeeren verteilen. Den Kuchen im Ofen auf mittlerer Schiene bei 180 °C etwa 35 bis 40 Minuten backen. Nach dem Backen mit
Puderzucker	vollenden.

Die Falknerei an der Ronneburg ist einen Besuch wert. Falkner Walter Reinhart hat seine Vögel gut dressiert.

Erdbeerernte bei Bauer Würfl, Gründau Lieblos

Frankfurter Kranz

Von Brigitte Oppen, Langenbergheim

6 Eier	mit
250 g Zucker	
1 Röhrchen Buttervanille	schaumig rühren.
125 g Kartoffelmehl	mit
125 g Mehl	
½ Pck. Backpulver	in die Eischaummasse sieben, verrühren und bei 175 °C (Ober- und Unterhitze) etwa 45 Minuten in einer Kranzform backen. Dann auskühlen lassen und in drei Schichten schneiden.
1½ Pck. Vanillepuddingpulver	mit
½ l Milch	zu einem Pudding verarbeiten, dann erkalten lassen. Nun
250 g Butter (schaumig gerührt)	esslöffelweise zugeben und so die Buttercreme herstellen – Pudding und Butter sollten die gleiche Temperatur haben. Auf die erste Lage des Teiges
200 g Johannis- oder Brombeergelee	geben. Auf die zweite Lage des Teiges Buttercreme streichen, die drei Kuchenteile zusammensetzen und den Rest der Buttercreme außen auf dem Kuchen verstreichen.
200 g Mandelblättchen	mit etwas
Butter	und
Zucker	in einer Pfanne anbräunen und auf dem Kuchen rundum verteilen. Obenauf mit einem Rest der Buttercreme Röschen aufsetzen und mit
Belegkirschen	vollenden.

Tipps für die Buttercreme:
– Sie gerinnt nicht, wenn die Hälfte der im Rezept angegebenen Butter schon mit dem Pudding aufgekocht wird.
– Rührt man 1 EL zerlassenes Kokosfett mit hinein, wird die Buttercreme schön stabil und gerinnt nicht so leicht.

Düdelsheim – Finndörfer Hof

Eulers Bauernbrot

Früher wurden die Backhausbrote je nach Dorf mit der Teighand oder mit Einschnitten kurz »bekreuzigt«. Damit bedankte man sich bei Gott für Brot und Ernte. Manchen, die diesem Brauch nicht folgten, sagte man bei Nichtgelingen des Backwerkes nach: »Där huott aach sai Bruud näi bekreuzischd, dessweesche iess dess aach nix wuorn!«.

Von Gerda und Klaus Euler, Hüttengesäß

800 g Roggenmehl (Type 1150)	mit
600 g Weizenmehl oder Dinkelvollkornmehl (fein gemahlen)	
1 Würfel Hefe	
1 Pck. Sauerteig	
15 g Salz	sowie
900 ml Wasser (lauwarm)	in der Küchenmaschine etwa 5 Minuten zu einem geschmeidigen Teig verkneten. Abgedeckt etwa 1 Stunde gehen lassen. Ein Geschirrtuch in ein Brotkörbchen (rund oder lang) legen und mit etwas
Mehl	bestäuben. Den Teig einbringen, nochmals abdecken und wieder etwa 1 Stunde gehen lassen. Danach den Teig aus dem Körbchen nehmen, auf ein mit Backpapier ausgelegtes Backblech legen und mit einer Gabel einige Löcher in das Brot einstechen. Im vorgeheizten Backofen 10 Minuten bei 250 °C und weitere 50 Minuten bei 200 °C backen.

Eine besonders schöne Kruste bekommt das Brot, wenn man eine Schale mit heißem Wasser in den Backofen stellt.

Brote werden »geschossen«.

Das Backspiel – Regeln der Einteilung der öffentlichen Gemeindebackhäuser

Von Helmut Schäfer, Hüttengesäß

Früher wurden an Feiertagen, Ostern, Pfingsten, Weihnachten und besonders an der Kirchweih (Kirb), Unmengen von Brot und Kuchen gebacken. An Ostern etwa wurde von Karfreitag an bis zum Ostersonntagmorgen rund um die Uhr gebacken, oft auch nachts. Kuchen und Brot wurden aber nicht Zuhause gebacken, dafür gab es in den Dörfern das Backhaus. Brotteig wurde einen Tag vorher »engemeert«, also angesetzt, und am Folgetag gebacken. Den Sauerteig zum Ansetzen hat man gemeinschaftlich weitergereicht. Wir in Hüttengesäß hatten früher zwei Backhäuser – eines im Unterdorf in der Bahnhofstraße 4, das andere im Oberdorf in der Langstraße 44. Man konnte aber nicht backen, wann man wollte, das Dorf war in Backhausrotten eingeteilt, die unter sich der Reihe nach mittels Losentscheid das Anheizen, Benutzung und Backzeit festlegten. Dafür gab es das Backspiel. An Kerb konnten die Gastwirte entscheiden, wann sie selbst backen wollten. Da sie für Fremde und Besucher mehr benötigten als sonst.

In der damaligen Zeit, von der ich berichte, wurde das Backspiel bei der Familie Bender in der oberen Langstraße abgehalten. Am Sonntag vor Ostern sagte meine Mutter: »Nimm Dir zehn Pfennige und gehe zum Backspiel.« Fünf Minuten vor neun Uhr war ich dort, im Nebenzimmer bei Benders saßen schon einige Leute, die auch backen wollten. Wenn ich mich recht erinnere, waren da – die Hofhannese Madda, des Filibraals Käddche, die Sandhannese Miene, die Diggesch Greed, die Juusde Emma, die Schuoldese Sanne, des Meinhade Ungelsche, des Lebse Kadrienche, de Dienese Schneirer, die Kirchehannese Marie, die Schousdesch Malla un des Woachnersch Marieche. Das Mariechen hatte ein kleines Kind auf ihren Knien sitzen, das furchtbar weinte »Uus Waltraud kräid Zieh« (Unsere Waltraud bekommt Zähne), sagte das Mariechen.

Nun wurden die Anwesenden gezählt, mit mir waren es 13 Personen. Die Tochter des Hauses, die »Schreinebennesch Käddi«, machte kleine Zettel von eins bis 13 und warf sie vermischt in einen alten Hut. Nachdem man seine zehn Pfennig bezahlt hatte, durfte man sich einen Zettel aus dem

Das Backhaus in der Bahnhofstraße 4 im Hüttengesäßer Unterdorf

Hut nehmen. Je nachdem, welche Nummer man zog, in dieser Reihenfolge wurde dann gebacken. Ich hatte die Nummer eins gezogen und war sehr Stolz darauf. Mein Großvater sagte immer: »Die Numero eins gewinnt die Nadelbigs!«.

Ich machte mich auf den Heimweg, schaute noch schnell beim Spengler Kurt hinein, er war der Bruder meines Großvaters, dort bekam ich ein großes Glas Limonade. Ich kann mich noch gut an die knallrote Farbe erinnern, bei uns zuhause gab es nur das einfache Wasser aus Bad Vilbel.

Daheim angekommen, teilte ich meiner Großmutter freudestrahlend mit, dass ich die Nummer eins gezogen habe. »Woas säst dou – musse mier schun wirrer ohedze!«, brüllte sie und verzog sich in die Küche. Da fiel mir ein, dass ich ja an Weihnachten auch die Eins gezogen hatte. Wer die Nummer eins beim Backspiel zieht, der muss den Ofen anheizen (ohedze), das geschieht mit »Wellen«, das sind Reisigbündel von gefällten Bäumen. Wenn man natürlich öfters die Eins zieht im Jahresverlauf, dann sind die vorhandenen Wellen schnell aufgebraucht, das Anheizen kostete zudem etwas mehr Zeit. Der Zorn meiner Großmutter war bald verflogen, ich durfte aber nie mehr zum Backspiel, das machte sie von nun an doch lieber wieder selbst.

Viele fleißige Hände braucht man beim Backhausfest, wie hier in Eckartshausen.

Die beliebten Backhausbrote aus traditionellem Sauerteig

Gewürzkuchen

Von Inge Marie Schäfer, Hüttengesäß

Das Rezept ist etwa 70 Jahre alt und stammt von meiner Oma Marie Mohn aus Langenselbold. Die Zubereitung war damals etwas Besonderes – es werden echter Bohnenkaffee und gute Butter verwendet. Wir backen diesen Gewürzkuchen schon in der vierten Generation und meine Enkeltochter Sophie Marie nascht gerne beim Backen. Also hat bereits die fünfte Generation Spaß und Freude mit diesem Rezept.

125 g Butter	mit
300 g Zucker	sowie
4 Eier	gut verrühren.
350 g Mehl	mit
1 Pck. Backpulver	vermischen, zugeben.
250 ml Bohnenkaffee	nach dem Brühen erkalten lassen, zugeben, verrühren. Zum Schluss
60 g Kakao	
1 TL gemahlene Nelken	sowie
1 TL Zimt	unterrühren.
½ Muskatnuss	frisch hinein reiben. Eine Marmorkuchenform ausfetten, den Teig einfüllen und bei 175 °C (Umluft) etwa 1 Stunde backen. Mit
Puderzucker	bestäuben, fertig.

Düdelsheim – die evangelische Kirche, bereits 1219 erwähnt, liegt direkt an der Bonifatiusroute.

Gitterkuchen – Pflaumenkuchen aus Himbach

Von Angelina und Andrea Sommer, Hüttengesäß

250 g Margarine	
250 g Zucker	
3 Eier	
1 Pck. Vanillezucker	
500 g Mehl	
1 Pck. Backpulver	zu einem Knetteig verarbeiten. Zwei Drittel des Teiges auf einem gefetteten oder mit Backpapier ausgelegten Backblech ausrollen. Ein Drittel des Teiges zur Seite stellen.
4 Gläser Pflaumen (à 720 ml)	abtropfen lassen. Den Saft auffangen, er wird später für den Tortenguss benötigt. Die Pflaumen geordnet auf den Knetteig legen. Aus dem restlichen Teig werden mit einem Teilrädchen Teigstreifen gemacht und über die Pflaumen gelegt, so dass ein Gittermuster entsteht. Den Kuchen bei 160 °C (Umluft) etwa 45 Minuten goldgelb backen. Nach dem Abkühlen aus
3 Pck. Tortenguss (rot)	und etwa 750 ml Pflaumensaft einen Tortenguss herstellen und mit einem Löffel in die einzelnen Gitter verteilen.

Umgangssprachlich wird der Kuchen auch »Riemekuche« genannt.

Ravolzhausen – Blick aus der Marienstraße zur Kirche

Gugelhoppe

Dieses Traditionelle Wetterauer Hefegebäck – auch Kuloppe oder Balisoade genannt – wurde zu Himmelfahrt gebacken und in Marköbel nachweislich bereits 1778 erwähnt. Früher gab es in den Dörfern besondere Kuloppeförmchen aus Steingut, die von Haus zu Haus weitergegeben wurden. Meist waren dies Sechser- oder Viererfömchen. Erst zu Beginn des 20. Jahrhunderts wurden die Förmchen aus Weißblech verwendet. Sie können für Zuhause jedoch ganz einfache Muffinförmchen verwenden.

Von Bürgermeister Michael Göllner, entdeckt im Marköbeler Kochbuch

250 ml Milch (warm)	in eine große Schüssel geben.
1 Würfel Hefe	mit
100 g Zucker	darin auflösen.
500 g Mehl	sowie
100 g Butter (Zimmertemperatur)	
1 Ei	und
1 Prise Salz	zugeben, zu einem Hefeteig verkneten. Den Teig mit einem Tuch abgedeckt gehen lassen. Backförmchen mit
Margarine	ausstreichen. In jedes Förmchen nun etwa ein Teigbällchen von etwa 60 g geben, nochmals gehen lassen und bei mittlerer Hitze etwa 35 Minuten backen. Mit
Puderzucker	bestäuben und zur Kaffeetafel servieren.

Gugelhoppe oder Kuloppe

Marköbel – das Rathaus von 1686

Hessisch-Amerikanischer Apfelkuchen

Amana ist eine deutsch-amerikanische Kolonie ehemaliger Bewohner des Ronneburger Hügellandes, die als Christliche Glaubensgemeinschaft um 1850 dort eine neue Heimat fanden. Noch heute wird der Gottesdienst in deutscher Sprache gehalten und die Umgangssprache ist noch sehr geprägt vom hessischen Dialekt. Sogar ein Ronneburg-Restaurant gibt es dort.

Von Katie Berger, Amana, Iowa (USA)

600 g Mehl	mit
2 TL Backpulver	
¼ TL Salz	
120 g Zucker	
60 g Butter	sowie
180 ml Milch	zu einem Teig verarbeiten und ausrollen. Ein Backblech leicht mit
Butter	einfetten und mit dem Teig auskleiden.
6 Äpfel	waschen, schälen, entkernen und in Spalten schneiden. Den Kuchen damit belegen.
150 g Mehl	mit
70 g Butter	und
70 g Zucker	zu Streuseln verkneten, den Kuchen damit vollenden und bei 180 °C etwa 25 bis 30 Minuten backen, bis das Obst gar ist und die Streusel knusprig sind.

Man kann auf den Teig eine dünne Schicht Pudding oder etwas gesüßten Schmand streichen.

Zeichnung der Ronneburg und des Ronneburger Hofes von Joseph Prestele, einem Münchner Naturmaler, der in die Wetterau zu den »Inspirierten«, einer Glaubensgemeinschaft, zog und 1842 mit ihnen nach Amerika auswanderte. Dort werden seine detailgetreuen Pflanzen- oder Obstzeichnungen bis heute sehr geschätzt.

Hirzbacher Kapelle

Himbeerrolle

Von Renate Schubert, Pfarrerin von Hainchen und Rommelhausen – ein Rezept ihrer Mutter Ilse

150 g Mehl	mit
1 TL Backpulver	sieben und zur Seite stellen. Den Backofen auf 190°C (Umluft) vorheizen
4 frische Eier	sauber trennen. Das Eiklar zu festem Schnee schlagen und zur Seite stellen. Ein Backblech mit Backpapier belegen. Dann die Eigelbe mit
4 EL Wasser (warm)	schlagen, nach und nach
1 Pck. Vanillinzucker	
150 g Zucker	
1 Prise Salz	sowie den Schalenabrieb
1 Zitrone	zugeben. Den Eischnee auf die Masse geben. Das vorbereitete Mehl darüberstreuen und sofort locker unterheben; alles muss schnell gehen und gleich gebacken werden (bei 190°C etwa 10 bis 12 Minuten). Direkt nach dem Backen auf ein mit
Zucker	bestreutes Geschirrtuch stürzen, längere oder kürzere Seite wählen und drei- bis viermal mit dem Tuch auf- und zurollen. Im Tuch gerollt abkühlen lassen.

Die Füllung

6 Blatt Gelatine	laut Packungsangaben kalt, dann warm einweichen.
400 bis 500 g Naturjoghurt	mit

Die Kirche von Rommelhausen – das 930 erstmals erwähnte Dorf ist der größte Ortsteil der Gemeinde Limeshain.

2 – 4 EL Zucker	und dem Saft von
1 Zitrone	mischen und – unter ständigem Rühren – langsam in die warm aufgelöste Gelatine einrühren. Sobald alles gut verrührt ist,
300 g Himbeeren (frisch oder TK)	und nach Belieben etwas
Birnendicksaft	dazugeben. Zum Schluss
200 ml süße Sahne	mit
1 Pck. Vanillinzucker	schlagen und vorsichtig unterheben. Die Füllung kühl stellen (20 Minuten in der Gefriertruhe oder etwas länger im Kühlschrank). Nun den Boden damit bestreichen und die Rolle dabei zurollen. Den Rest außen verteilen – am besten über Nacht kühl stellen. Nach Wunsch mit
Sahne oder Schokolade	verzieren.

Die Himbeeren sollten vor der Verwendung kurz mit Zucker aufgekocht werden. Eischnee schlägt sich am besten in sauberem, kalten Geschirr. Beim Schlagen ein paar Spritzer Zitronensaft, eine Prise Salz und/oder Zucker zugeben. Das macht einen schönen stabilen Schnee. Wichtig ist auch, dass keine Eigelbrückstände dabei sind.

Lindheimerstraße – mit Blick zur Kirche in Hainchen

Himbeer-Nussboden

Von Elli Förster, Hüttengesäß

2 Eier	trennen, das Eiklar mit
1 TL Zucker	zu Schnee schlagen und kalt stellen. Die Eigelbe mit
100 g Zucker	
100 g Haselnüsse (gemahlen)	
½ Pck. Vanillezucker	
2 EL Mehl	sowie
½ Pck. Backpulver (7,5 g)	verrühren. Wenn der Teig glatt ist, den Eischnee vorsichtig unterheben. Den Teig in eine 26er Springform geben, im vorgeheizten Ofen bei 180 °C etwa 15 Minuten backen und abkühlen lassen. Für den Belag einen Pudding aus
1 Pck. Puddingpulver	
½ l Milch	kochen und vor dem Erstarren auf den Teig gießen. Je nach Belieben mit
Himbeeren (frisch)	belegen. Aus
1 Pck. Tortenguss (rot)	und
Traubensaft oder Johannisbeernektar	einen Tortenguss herstellen und den Himbeer-Nussboden damit vollenden.

Sie können auch TK-Himbeeren verwenden, allerdings wird der Kuchen am nächsten Tag weicher.

Bobbycarrennen in Neuwiedermuß – seit Jahren schon ein Highlight im Jahresverlauf

Himmelstorte (Stachelbeerbaiser)

Stachelbeeren heißen in unserer Mundart »Klustnbiern«, abgeleitet von der altdeutschen Bezeichnung Klosterbeeren. Das Wort Baiser stammt aus dem altfranzösischen und ist eine ursprüngliche Bezeichnung für Kuss oder Handkuss – zartes Eiweißgebäck wurde danach benannt. Heute sagt man dazu in Frankreich und Italien »Meringue«.

Von Edelgard Erdt, Hüttengesäß – entdeckt im Gettenbacher Kochbuch

100 g Zucker	mit
100 g Margarine	und
1 Pck. Vanillinzucker	schaumig rühren. Nach und nach
4 Eigelb	hinzugeben.
145 g Mehl	mit
2 TL Backpulver	vermischen, auf den Teig sieben und verrühren. Je eine Hälfte des Teiges in zwei gefettete 26er Springformen streichen.
4 Eiklar	zu festem Schnee schlagen, dabei
150 g Zucker	nach und nach einrieseln lassen. Auf den beiden Teigplatten verteilen.
1 Pck. Mandelblättchen	darüber verteilen und bei 200 °C etwa 20 Minuten backen.
400 g Stachelbeeren (1 Glas)	abtropfen lassen, den Saft auffangen. Die Stachelbeeren auf einer der beiden ausgekühlten Teigplatten verteilen. Aus dem Fruchtsaft und
1 Pck. Tortenguss (hell)	einen Guss kochen und die Beeren damit binden.
200 ml süße Sahne	steif schlagen, auf die Stachelbeeren geben. Nun den oberen Boden in 12 Stücke teilen und auf die Sahne legen. Mit Puderzucker bestäuben.

Altar in der Klosterkirche Engelthal

Karotten-Lebkuchen

Von Margot und Eberhard Juth, Hüttengesäß

9 Eier	mit
500 g Zucker	schaumig rühren und mit
125 g Zitronat	
125 g Orangeat	
500 g Haselnüsse (gemahlen)	
250 g rohe Möhren (fein gerieben)	
2 Pck. Lebkuchengewürz	
5 g Hirschhornsalz	sowie
750 g Mehl	zu einem zarten Teig verarbeiten. Den Teig auf
Oblaten	streichen und bei 200 °C etwa 15 Minuten backen. Nach dem Backen nach Belieben mit
Zuckerglasur oder Schokolade	verzieren und überziehen.

Panoramaansicht über Hüttengesäß

Mundartabend in der Ronneburger Mehrzweckhalle

Kees-Feuß

Vom Team der Fachpraxis für medizinische Fußpflege und Kosmetik »Fuß-Fenzl«, Hüttengesäß

200 g Gouda (alt)	fein reiben.
200 g Butter	in Würfel schneiden. Beides mit
200 g Mehl	und
2 Eigelb	in eine Schüssel geben und mit dem Handrührgerät zu einem festen Mürbeteig verkneten. In Folie eingewickelt 1 Stunde im Kühlschrank ruhen lassen. Den Teig auf einer bemehlten Arbeitsfläche ½ cm dick ausrollen. Dann mit einem Fußförmchen ausstechen und die Füßchen auf ein gebuttertes Backblech legen.
1 Ei	verquirlen und die Plätzchen damit bestreichen. Nun mit
Kümmel, Mohn, Sesam	nach Belieben bestreuen und mit
50 g Mandeln (gehobelt)	belegen. Bei 200 °C etwa 10 Minuten backen.

Mürbeteige sollten generell einmal durchkühlen, damit sich Butter und Mehl besser verbinden.

Herbstwanderung am Marköbeler Wald

Die Ernte

Erinnerungen von Gisela Adrian, Altwiedermus

Heute sieht man auf den Feldern fast ausschließlich Gerste, Raps, Weizen und Mais. Und wie einfach ist heute die Ernte! Ein einzelner Mann fährt mit dem Mähdrescher über den großflächigen Acker, alles geht automatisch. Die Körner werden abgefüllt, das Stroh zu mächtigen Rundballen gebunden, die dann liegen bleiben und irgendwann heimgefahren und aufgestapelt werden. Eines hat sich allerdings noch nicht geändert: Noch immer ist man wetterabhängig und manchmal wird es sehr spät und die Halme sind schon ganz grau, bis der letzte Acker abgeerntet ist. Aber es ist doch kein Vergleich zu früheren Zeiten, als eine Menge Leute benötigt wurden, die schwer schuften mussten, bis das bisschen Ernte glücklich eingebracht werden konnte.

Von etwa Ende Juli an bis ungefähr Ende August dauerte es damals, bis man die Getreideernte in der Scheune hatte. Und es waren nicht nur Weizen und Mais zu ernten – letzterer war übrigens früher kaum bekannt – nein da gab es noch Felder mit Wintergerste, Sommergerste, Roggen und Hafer. Roggen wird bei uns übrigens ganz einfach »Korn« genannt.

Schon Wochen vorher prüfte der Bauer, wie weit die Reife gediehen war, ob die Körner schon fest, dunkel gefärbt und nicht mehr grün waren. Bei schönem, warmem Wetter fing man möglichst früh mit dem Mähen an. Vor hundert Jahren war das noch reine Handarbeit! Da brauchte man zum Mähen etliche Männer, die vor Tau und Tag aufstehen und bis zum Abend hintereinander die Sense schwingen mussten. Bei der Getreideernte übrigens verwendete man ein »Reff«. Das ist eine Vorrichtung an der Sense zum schonenden Ablegen der Getreidehalme, dass ja keine Körner verlorengingen. Hinter jedem Mäher musste eine Frau die gemähten Halme mit einer Sichel aufraffen und binden. Soviel ich weiß, wurden ganz früher auch komplette Äcker mit der Sichel geschnitten.

Später gab es die ersten Erleichterungen – von Pferden gezogene Mähmaschinen mit Mähbalken, die auch bei der Heuernte eingesetzt wurden. Dabei musste man die Halme aber

Ernteszene bei Hüttengesäß

immer noch mit der Hand aufnehmen und bündeln. Dann kamen »Kleckenwerfer« in Gebrauch – Mähmaschinen mit flügelähnlichen Vorrichtungen, die schon nach dem Abmähen die Halme gebündelt zur Seite warfen. Sie mussten dann nur noch zu Garben zusammengebunden werden.

Und schließlich – ich glaube in den 1930er Jahren – gab es für die »großen« Bauern das Non plus Ultra, den Mähbinder. Das war eine schöne, bequeme Sache! Da kamen im Vorbeifahren die Garben fix und fertig mit Kordel heraus. Man fuhr rund um das Feld und es musste nur jemand nebenher laufen, um jeweils an den Ecken die Bündel beiseite zu räumen, damit man beim Wenden nicht drüber fuhr und die Körner dadurch ausfielen. Dieses Verfahren kenne ich noch gut aus eigener Erfahrung, als ich mit 14 oder 15 Jahren zusammen mit meiner Freundin Loni Kötter bei sämtlichen Feldarbeiten und auch bei der Ernte mithalf. Wie auch später natürlich als »Jungbäuerin« bei Adrians, meiner Familie.

Ernteszene vor der Kulisse der Ronneburg

Mohnblüten am Weizenfeld bei Neuwiedermuß

Zuerst musste »vorgemäht« werden. Das heißt, rund um das Feld mähte man mit der Sense einen Streifen frei, damit die Maschine Platz hatte. Hinter der Maschine musste nach althergebrachter Art mit der Sichel »abgenommen«, gebunden und die Garben beiseite gestellt werden. Hatte sich durch Unwetter ein ganzes Feld »gelegt«, musste alles mit der Sense geerntet werden, da kam auch der moderne Mähbinder nicht weiter.

Ich kann mich noch recht gut an ein Roggenfeld im »Nackenborn« bei Altwiedermus erinnern, das komplett platt lag. Mein Mann Fritz und ich – wir waren jung verheiratet und ich schwanger – nahmen uns einen ganzen Tag Zeit, um dieses Feld zu bewältigen. Es war wunderschönes, warmes Sommerwetter, ein leiser Wind strich über uns hinweg. Wir hatten uns Frühstück, Mittagessen und Kaffee in einem großen Korb mitgenommen, dazu eine Decke, auf der wir jeweils Rast machten. Es war herrlich, die Arbeit ging uns von der Hand, niemand störte uns. Als wir endlich fertig waren und die Garben zu Haufen gesetzt hatten, waren wir restlos glücklich und zufrieden. Lang ist es her!

Bei der Gerste kamen die im Winter gefertigten Strohseile zum Einsatz, denn die Halme waren zu kurz, so dass man damit nicht binden konnte. Die Gerste wurde übrigens in Schwaden gemäht, sie blieb zuerst liegen und musste mit einem besonderen Rechen gewendet werden. Dann machte man mittels der Strohseile dicke

Strohballen an der Hüttengesäßer Säulache – im Hintergrund erkennt man die Erhebungen des Hahnenkamms im Spessart

Eichen – evangelische Kirche von 1695

Garben und stellte sie zum Trocknen auf. Oben kam eine Garbe verkehrt herum drauf, so konnte das Bündel auch bei einem Regen noch gut trocken bleiben. Wie schön sahen damals überall die Felder aus, mit den sauber in Reihen aufgestellten goldgelben Garbenhaufen! Die mussten nun einige Zeit zum Trocknen stehen bleiben, bis man sie heim in die Scheune fahren konnte. Dort lud man sie dann ab und stapelte sie in vorgeschriebener Form immer höher, bis man fast ganz oben unter dem Scheunendach ankam. Das »Setzen« der Garben musste deshalb gleichmäßig erfolgen, damit man später, wenn die Dreschmaschine kam, leichte Arbeit hatte.

Ich erinnere mich an ein weiteres Ereignis. Mir wurde zum ersten Mal die Aufgabe des »Setzens« der Garben in der Scheune übertragen. Ich machte es auch gern, es gefiel mir, eine Lage auf die andere zu stapeln, bis ich ziemlich weit oben stand. Dann waren wir fertig und ich konnte wieder runter. Runter? Ich konnte nicht mehr runter! Rauf war ich ohne Schwierigkeiten gekommen auf der senkrechten Leiter, aber jetzt stand ich oben am Rand und mir war schwindlig, wenn ich nur hinunter auf die Tenne blickte! Alle Anwesenden lachten sich kaputt, aber ich hockte unglücklich da oben und hätte am liebsten geheult. Bis sich endlich – nach geraumer Zeit und als er sich genügend darüber amüsiert hatte – mein Mann erbarmte und zu mir hinaufkletterte, mir auf die Leiter half und mich Sprosse für Sprosse hinunter lotste. Das war mir aber eine Lehre und in Zukunft hütete ich mich vor solchen Experimenten und ließ die anderen die Garben setzen!

Feldhase im Fallbachtal

Mailänder Apfelkuchen

Von Edwin Sommer, Hüttengesäß

500 g Mehl	mit
100 g Zucker	
1 Würfel Hefe	
1 Ei	
80 g Margarine	
200 ml Milch	zu einem Hefeteig verarbeiten, gut kneten und dann gehen lassen. Für den Belag
2 kg Äpfel	schälen, entkernen und in Würfel schneiden. Mit
2 EL Zucker, 2 TL Zimt	und
250 ml Apfelsaft	etwa 5 Minuten weich dünsten, danach gut abtropfen lassen. Aus
2 Pck. Vanillepudding	
800 ml Milch	und
4 EL Zucker	einen Pudding zubereiten und etwas abkühlen lassen. Den Hefeteig auf einem gefetteten Backblech (oder mit Backpapier ausgelegt) ausrollen. Äpfel und Pudding miteinander vermischen und auf dem Hefeteig verteilen.
200 g Marzipanrohmasse	in kleine Würfel schneiden, mit
3 – 4 EL Puderzucker	
2 EL Apfelgelee oder Aprikosenkonfitüre	sowie etwas
Apfelsaft	geschmeidig kneten, so dass man die Masse mit einem Spritzbeutel spritzen kann. Mit einer mittelgroßen Lochtülle einen Rand um den Kuchen spritzen. Danach diagonal ein Gitter auf den Kuchen spritzen. Bei 160 bis 170 °C (Umluft) etwa 30 Minuten backen.
200 g Puderzucker	mit wenig
Zitronensaft	und etwas Wasser verrühren, den Kuchen nach dem Backen damit leicht glasieren.

Die Südseite der Ronneburg im Schnee

Kokosmakronen

Von Käthe Voigt (†), Hüttengesäß

4 Eier	trennen, Eiklar steif schlagen. Die Eigelbe mit
125 g weiche Butter	
300 g Zucker	
50 g Mehl	
375 g Kokosraspel	vermengen und den Eischnee vorsichtig unterheben. Mit einem Teelöffel kleine Häufchen auf
Oblaten	setzen und bei etwa 200 bis 220 °C etwa 10 Minuten backen. Auf Wunsch nach dem Erkalten mit geschmolzener
Schokolade	dekorieren.

Beim Schmelzen von Schokolade verwenden Sie unbedingt ein Wasserbad. Das Wasser darf nicht kochen, am besten auf etwa 30 bis 40 °C erwärmen. Es darf kein Wasser in die Schokolade tropfen.

Ravolzhausen – Ansichtskarte von 1902

Marköbeler Honweise (Hufeisen)

Das Hufeisen wurde früher in Marköbel als Glücksbringer zu Neujahr gebacken.

Von Emmi Schneider, Hüttengesäß

500 g Mehl	mit
1 Würfel Hefe	
250 ml Milch (lauwarm)	
75 g zerlassene Butter	
75 g Zucker	
1 Ei	sowie
1 Prise Salz	zu einem Hefeteig verarbeiten, etwa 1 Stunde, mit einem Handtuch abgedeckt, im warmen Raum gehen lassen.
1 gestr. EL Kakao	mit
1 EL Zucker	vermischen, zur Seite stellen. Eine Streuselmasse aus
100 g Butter	
100 g Zucker	sowie
200 g Mehl	zubereiten. Nun den Hefeteig auf einem bemehlten Brett ausrollen. Die Zucker-Kakaomischung, die Streusel und
100 g Rosinen	darauf verteilen. Dann zusammenrollen und zu einem Hufeisen formen. Das Hufeisen auf ein gefettetes Blech legen und mit
1 Ei (verquirlt)	bestreichen. Nochmals kurz gehen lassen und danach bei 175 bis 180 °C etwa 40 bis 45 Minuten backen.

Blick über das Limesgebiet auf Marköbel

Silvester in Hüttengesäß

Maracuja-Kuchen

Von Petra Jahnke, Hüttengesäß

200 g Mehl	mit
125 g Butter oder Margarine	
125 g Zucker	
1 Ei	
1 TL Backpulver	verkneten. Den Teig in eine 26er Springform drücken und bei 180 °C etwa 20 Minuten backen. Für den Belag
200 g Schmand	mit
250 g Quark	verrühren.
1 Dose Pfirsiche (800 ml Gesamtvolumen)	abgießen, den Saft auffangen, die Früchte klein würfeln und zur Quarkmasse geben.
200 ml süße Sahne	mit
1 Pck. Vanillinzucker	und
1 Pck. Sahnesteif	schlagen und ebenfalls vorsichtig unter die Quarkmasse heben, auf dem Teig verteilen. Einen Guss aus etwa
250 ml Pfirsichsaft	sowie
2 Pck. Vanillesoße	
250 ml Maracujasaft	zubereiten, abkühlen lassen und über den Kuchen geben. Gut durchkühlen lassen.

Roßdorf – das alte Rathaus aus dem Jahre 1700 war auch Spritzenhaus, Gemeindewaage, Nachtwächterdomizil und Schulstube. Daneben das Backhaus von 1773 und der »Bäckerbrunnen« von 1713. In Roßdorf gab es ein bedeutendes Antoniterkloster.

Mattekuchen

Von Thorsten Philippi, Philippi's Backstube, Nidderau Windecken

Hefeteig (Rezept S. 148)	zubereiten.

Die Mattemasse

1 kg Schichtkäse	mit
2 Eigelb	
200 g Zucker	
5 g Salz	
3 EL Mehl	sowie
150 g Margarine oder Butter	verrühren.
4 Eiklar	zu Schnee schlagen und unterheben. Etwa 2 Esslöffel der Masse abnehmen, den Rest auf dem ausgerollten Hefeteig verteilen. Die aufbewahrte Masse mit
200 g Zucker	
200 g Schmand	
2 Eigelb	sowie
2 EL Mehl	vermischen und über die Mattemasse verteilen. Bei 180 °C etwa 20 bis 25 Minuten backen. Nach dem Backen etwas
Zimt oder Zimtzucker	aufstreuen.

Ostheim – markante Hofreiten schmücken den Ort

Büches – die Domäne Erbacher Hof

Mohnkuchen

Von Hanni Rolko, Hüttengesäß

Hefeteig (Rezept S. 148)	zubereiten, auf einem Backblech ausrollen, den Rand etwas hochdrücken.

Der Mohnbrei

250 ml Milch	mit
350 g Mohn (in der Mühle gemahlen)	aufkochen.
100 g Grieß	in
100 ml Milch	anrühren, zugeben, köcheln lassen und etwas abkühlen lassen. Sobald die Masse nicht mehr ganz so heiß ist,
1 Ei	und
100 g Butter	dazugeben, umrühren und kalt werden lassen. Den Brei auf dem Teig glatt verstreichen.

Die Decke

2 –3 Eier	trennen, das Eiklar steif schlagen und zur Seite stellen. Die Eigelbe mit
100 g Zucker	
1 Pck. Vanillinzucker	
200 ml saure Sahne	
½ EL Mehl	sowie
1 Msp. Backpulver	verrühren, zuletzt den Eischnee vorsichtig unterheben. Die Decke nun auf dem Mohnbrei verstreichen. Bei 180 °C etwa 25 bis 30 Minuten backen.

Den Mohnbrei kann man bereits am Vortag zubereiten.

Niedergründau – alte Schule in der Obergasse, heute Museum

Radonekuchen

Aus einem Familienkochbuch von Gudrun Dambach, Hüttengesäß

1 Würfel Hefe	zerbröseln und in
125 ml Milch (lauwarm)	geben, mit
1 Prise Zucker	aufgehen lassen (Vorteig).
250 g Margarine	verflüssigen und mit
500 g Mehl	
250 g Zucker	
150 g Rosinen (nach Belieben)	
125 g Mandeln (gemahlen)	
4 Eier	
1 Prise Salz	sowie dem Abrieb und Saft von
1 Zitrone	verrühren. Mit dem Vorteig verkneten. Eine Guglhupfform mit
Margarine	ausstreichen und mit
Mandeln (gemahlen)	ausstreuen. Den Teig einfüllen und nochmals an einem warmen Ort, mit einem Handtuch bedeckt, gut aufgehen lassen. Im vorgeheizten Backofen bei 175 bis 200 °C etwa 1 Stunde backen.

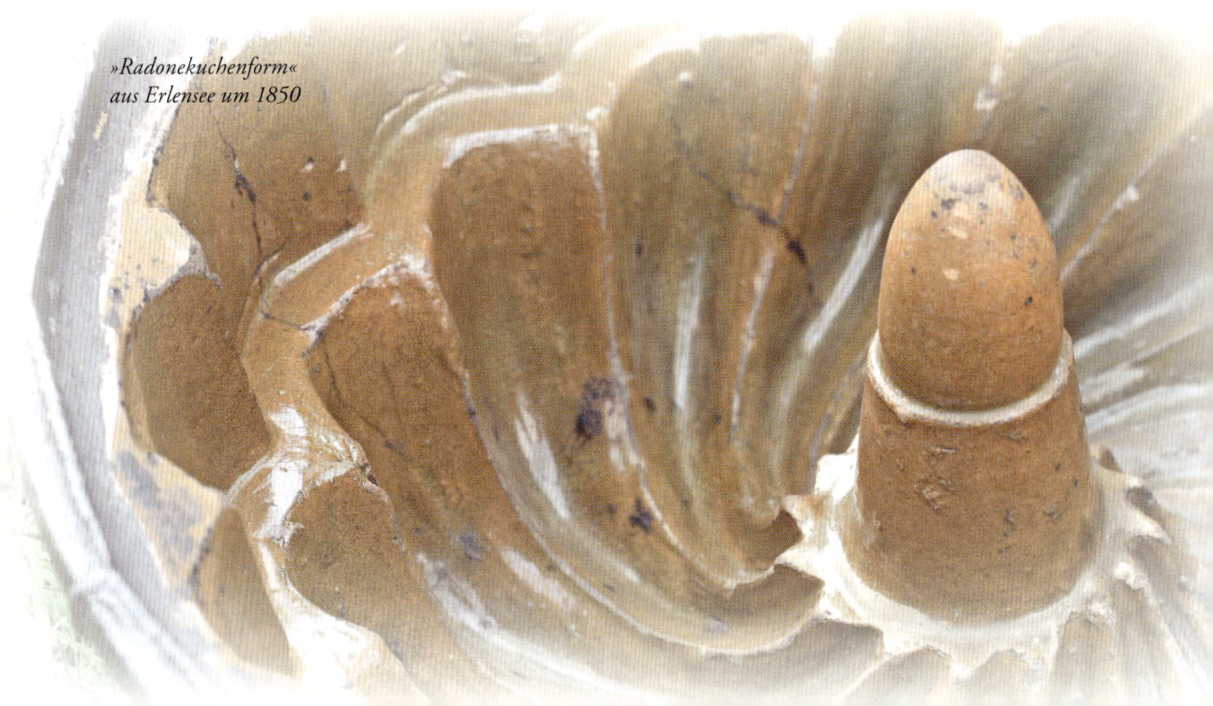

»Radonekuchenform« aus Erlensee um 1850

Hüttengesäßer Rahmkuchen

Von Heinz Eschenbrenner, Hüttengesäß

Hefeteig (Rezept S. 148)	zubereiten, an einem warmen Ort gehen lassen. Das Backblech mit etwas
Butter	ausstreichen. Nachdem der Teig aufgegangen ist, erneut durchkneten und auf Blechgröße ausrollen, mit einer Gabel Löcher einpieksen und erneut gehen lassen. Für die Riwwel (Streusel) werden
200 g kalte Butter	
200 g Zucker	und
350 g Mehl	grob vergriffen, sozugsagen geriwwelt und auf dem Hefeteig verteilt. Dann bei 180 °C etwa 25 bis 30 Minuten backen.

Der Schmierlebbs

800 g Schmand	sowie
150 g Zucker	
1 Pck. Vanillinzucker	zu einer luftigen Schmandmasse schlagen. Ist die Masse zu fest, kann man etwas
süße Sahne	zugeben. Den Kuchen herausnehmen und kurz vor dem Auskühlen den Schmand ordentlich satt drüberstreichen.

Rahmkuchen

Steinofenbrot mit Speck und Kräutern

(ergibt 2 Brote)

Von Raik Neubert, Hüttengesäß

1 große, gekochte Kartoffel	zerdrücken und mit
900 g Dinkelmehl (Type 1050)	
½ Würfel Hefe	
15 g Jodsalz	
10 g Kräutersalz	sowie
600 ml Buttermilch	zu einem geschmeidigen Hefeteig kneten, gehen lassen.
Petersilie, Dill, Schnittlauch	sowie
1 Blatt Maggikraut (Liebstöckel)	fein hacken. Mit
75 g Speckwürfel	und
1 Msp. Pfeffer	unter den Teig kneten und den Teig warm stellen, etwa 2 Stunden ruhen lassen. Den Teig dann zu 2 Laiben formen, auf ein Backblech setzen und nochmals etwa 30 Minuten gehen lassen.

Danach bei 190 °C etwa 1 Stunde backen. Dabei 1 Tasse Wasser in den Ofen stellen.

Das Backhaus vom Mittelgründauer Unterdorf

Blick zu den gusseisernen Ofentüren im Backhaus von Freigericht-Neuses.

Zwiebelkuchen

Dazu passt frisch gepresster Süßmost, Rauscher oder Apfelwein. Dieser Teig ist zudem ein guter Pizzateig.

500 g Mehl	mit
50 g Hefe	
190 ml Buttermilch (oder Weißwein)	
4 Eigelb	
90 g Olivenöl	sowie
je 1 Prise Salz, Zucker	verkneten und über Nacht kalt stellen.

Der Zwiebelbelag

750 g Zwiebeln	schälen, schneiden.
1 EL Öl	in einem großen Topf erhitzen, Zwiebeln dazugeben und andünsten.
100 g Dörrfleischwürfel	hinzufügen, auslassen, mit
Salz, Pfeffer aus der Mühle	würzen. Mit
2 EL Mehl	bestäuben und vom Feuer nehmen.
350 ml saure Sahne	sowie
3 Eier	zufügen und gut verrühren. Den Teig ausrollen und auf einem gefetteten Blech auslegen, einmal gehen lassen. Die Zwiebelmasse darauf verteilen und mit
16 Scheiben Käse (Butterkäse oder Emmentaler)	bedecken. Den Zwiebelkuchen im vorgeheizten Ofen bei 180 °C etwa 40 Minuten backen.

Ein Hefeteig mit kalter Führung erlaubt das Herstellen bereits am Abend zuvor. Alle Zutaten verkneten und abgedeckt in den Kühlschrank – mit diesem Teig klappt das.

Ysenburger Jagdschloss Gettenbach

Mohntorte »Elise«

Von Dorlies Pfeifer, Diebach am Haag

100 g Mehl	mit
50 g Zucker, 1 Prise Salz	
1 Ei	
1 TL Backpulver	sowie
40 g Margarine	zu einem lockeren Teig verkneten. Eine 26er Springform ausfetten, den Teig ausrollen und auf dem Boden gleichmäßig verteilen, am Rand etwas hochdrücken.

Diebach am Haag

Das Backhaus in Diebach am Haag

Die Mohnfüllung

300 g Mohn	mahlen, zur Seite stellen.
3 Eiklar	zu steifem Schnee schlagen, zur Seite stellen.
1 l Milch	mit
100 g Zucker	
2 Pck. Vanillinzucker	sowie
1 Prise Salz	zum Kochen bringen, unter Rühren
100 g Grieß	einlaufen lassen und auf kleiner Flamme andicken lassen. Dann den gemahlenen Mohn und
50 g Butter	
1 – 2 Pck. Rumrosinen	sowie
3 Eigelb	unterrühren. Die Masse vom Feuer nehmen, den Eischnee unterheben und noch warm auf dem Teig verteilen.

Sulf (Kuchendecke)

1 Eiklar	zu Schnee schlagen und kalt stellen.
125 ml Milch	mit
25 g Zucker	zum Kochen bringen.
1 – 1½ EL Mehl	in etwas Milch anrühren, in die heiße Milch einrühren, vom Feuer nehmen.
1 Eigelb	einrühren, danach das geschlagene Eiweiß unterziehen. Die Masse auf die Torte geben, im Backofen bei 160 °C etwa 1 Stunde backen.

Die Kuchendecke eignet sich für alle Obst- und Quarkkuchen.

Blick nach Diebach am Haag und nach Büdingen im Winter

Diebach am Haag – schön sanierte Hofanlage in der Altwiedermuser Straße

Von den gläsernen Stiefeln und dem eisernen Leiterchen – Latwerge süße Tradition

Erinnerungen von Helmut Schäfer

Pflaumenmus, Zwetschgenmarmelade, Latwerge, Latwäje, Leckmäje, Chaiselack, Quädschehoing, Birnkraut – viele Namen für denselben Brotaufstrich. Das Wort »Leckmäje« jedoch kennt man nur im Ronneburger Hügelland. Ich möchte Sie nun in die Herstellung dieses pikanten Brotaufstriches einweihen! Noch in den 1950er Jahren wurde in meiner Familie einmal im Jahr, nach der Zwetschgenhochreife – es war meistens schon kalt – die Leckmäje gekocht.

Zuerst mussten Zuckerrüben geholt, gewaschen, gemahlen, gekocht und ausgepresst werden. Die Masse kam dann in einen Kupferkessel, der nur zum Leckmäjekochen benutzt wurde. Man bedenke – im Multifunktionsgerät »Waschkessel« wurde nicht nur die Wäsche gekocht, sondern auch die Wurst bei der Hausschlachtung oder die Latwerge, aber auch das Badewasser wurde hier erhitzt – oft jedoch mit wechselnden Einsätzen. Am frühen Abend kamen die Frauen der Nachbarschaft zur Unterstützung der Hausfrau beim Zwetschgenkernen. Die entkernte Masse wurde in die erhitzte Zuckerrübenbrühe geschüttet. Als weitere Zutaten kamen Birnen oder Birnensaft hinzu – »Leckmäjebiern« eine kleine, bittere, birnenartige Frucht, von denen es wohl keine mehr in unserer Region gibt – und »Haaregoil«, so genannte Heidenpferdchen, auch eine herbe Kelterfrucht. Von diesen existieren wahrscheinlich noch zwei Bäume in der Gemarkung »Grenzstein« und »Steinrücken«.

Bei ständigem, aber nur schwachem Feuer begann das Rühren, dazu hatte man einen Leckmäjerührer. Beim Rühren wurde der Arbeitstakt mit einem alten Sprichwort angegeben: »Ruonderim unn mi-eddedursch kimmt mer uff die Ronnebursch.« Man musste ständig rühren, damit das enthaltene Wasser langsam verdampft und das Mus einkocht und dicker wird. Deshalb hat der Stiel auch eine gewisse Länge, denn zum Schluss spritzt die heiße Masse auch schon mal gefährlich auf. Die am Rand entstandenen schwarz karamellisierten »Riwwel« kratzte sich so manch einer gerne ab zum Naschen.

Da die Masse die ganze Nacht gekocht und gerührt werden musste, wurde von den jungen Leuten so mancher Schaber-

Eine herbe Mostbirne zur Verwendung für Latwerge nannte man umgangssprachlich »Haaregoil« – Zigeunerpferdchen.

nack ausgeheckt. Dem einen oder anderen wurde mit den Zwetschgenkernen ein Pfad gestreut – von seinem Wohnhaus zum Wohnhaus seiner Auserwählten. Oder einer nicht so beliebten Freundin wurden die Kerne zum Ärger vor das Hoftor geschüttet – aber alles im geselligen Rahmen. Zwischendurch wurden Volkslieder gesungen und wenn ein Grammophon vorhanden war, wurde auch ab und zu getanzt. Spät am Abend gab es je nachdem mal einen Selbstgebrannten, meist aber Kaffee und Kuchen, um die müden Geister wach zu halten. Dafür lud die Hausfrau die helfenden Gäste ein, sich zu stärken, währenddessen nahm sie selbst den Rührer in die Hand. Im selben Augenblick kam die Tochter aus dem Haus gerannt: »Ei Moamme, dou huost jo goar kaan Kouche uffem Desch!« – »Woas! Fimf Deller Quädschekouche vuoll hunn aich higeschdellt!« Tatsächlich, der Kuchen war mitsamt den Tellern verschwunden. Einige Burschen hatten den Kuchen in der hell erleuchteten Stube stehen sehen und durch ein nur beigelegtes Fenster herausgeholt und alles aufgegessen. Eine Nachbarin konnte zum Glück mit einem Kuchen aushelfen. Das tollste aber war, dass sich die vier Kuchendiebe nach einer Stunde zur Leckmäjemannschaft dazugesellten und sehr erstaunt taten, als sie von dem Missgeschick erfuhren. Das waren ganz normale, jedoch immer unterhaltsame Vorgänge, die wir uns heute gar nicht mehr vorstellen können. Oft wurden beim Latwergerühren auch Bande und Liebschaften geknüpft und natürlich Neuigkeiten ausgetauscht.

Latwergerühren mit Klaus Altmannsperger im Pfarrgarten Hüttengesäß

Erschöpft nach der Apfelernte

Bei nachlassendem Feuer wurden in gewissen Abständen Proben entnommen, um festzustellen, ob die Leckmäje genug eingekocht war – das konnten immer die erfahrenen Omas am besten feststellen. War die Leckmäje nicht genug gekocht, wurde sie schnell schimmelig und sie sollte doch mindestens ein Jahr reichen. War sie jedoch fertig, kam der nächste Streich – diesen übrigens kennt man fast in ganz Hessen, überall ein bisschen anders, aber die Kinder fielen überall darauf herein: Der Hausfrau fiel ein, sie hatte vergessen, die gläsernen Stiefel und das eiserne Leiterchen zu holen, um damit die Latwerge auszuschöpfen. Schnell wurde ein ahnungsloses Kind, das beim Rühren zuschaute, beauftragt, diese Sache beim Bäcker Eschenbrenner »Mebbes« zu holen. In diesem Falle war ich das Kind. Als ich beim »Mebbes« ankam und mein Anliegen vorbrachte, wurde mir erklärt, dass die Sachen vor einer Stunde ans »Schmidskurds« ausgeliehen worden. »Bou – gieh emol do hi!« Also machte ich mich auf den Weg zum »Schmidskurds Kurdsche«, der am Schmiedeberg wohnte. Das war ein weiter Weg von der Bahnhofstraße bis zum Schmiedeberg. Als ich dort ankam, fuhr gerade der Georg Habermann »Hädde« vom Hof. Nachdem ich mein Anliegen beim »Schmidskurds Kurdsche« vorbrachte, erklärte er mir, dass der Herr »Hädde« die Sachen gerade abgeholt hat, ich solle nachmittags mal dorthin gehen. Er lachte etwas komisch, das gab mir schon zu denken und ich ging erst mal nach Hause. Meine Mutter stand schon am Hoftor und lachte. »Na wo haben sie dich denn überall hingeschickt?«, fragte sie. Ich habe ihr alles erzählt. Sie nahm mich in die Arme und sagte: »Du brauchst nicht mehr weg zu gehen, das war doch alles nur ein Spaß. Die gläsernen Stiefel und das eiserne Leiterchen gibt es gar nicht, man schickt die Kinder nur zum Spaß umher.« Naja, ich wusste nicht, ob ich lachen oder weinen sollte, ich habe aber dann doch gelacht und gedacht – das mache ich mit meinen Kindern auch einmal! Ich bin aber nicht dazu gekommen, denn es war das letzte Mal, dass in unserem Hause Leckmäje gekocht wurde.

Nachdem das Mus etwas abgekühlt war, wurde es in »Leckmäjedebbe« (irdene Tontöpfe) abgefüllt, man konnte sie jahrelang im Keller einlagern. War die Latwerge dann einmal zu fest, wurde sie mit schwarzem Kaffee wieder streichfähig gemacht. Viele Alternativen gab es eben nicht als Brotaufstrich.

Heutzutage empfiehlt sich für haushaltsübliche Mengen die Methode im Backofen: Die Zwetschgen vier Stunden bei 160 bis 180 °C in einen Bräter geben – ohne zu rühren – das ist angenehmer, als die ganze Nacht am Feuer zu stehen. Zum Schluss Zucker und Zimt dazugeben, nach Belieben mit dem Pürierstab mixen und noch mal eine halbe bis eine Stunde in den Ofen geben, bis die Masse eingedickt ist.

»Quetsche« – Zwetschgen

Apfelgelee

Bei Gelees empfiehlt es sich, eine Gelierprobe zu machen. Man macht ein paar Tröpfchen des heißen Gelees auf einen Teller und stellt diesen in den Kühlschrank. Nach einigen Minuten müsste der Gelee angezogen haben. Durch unterschiedlichen Pektingehalt der Früchte oder bei Verwendung von Alkohol benötigt man mitunter eine größere Menge Gelierzucker, die man dann noch nachträglich zugeben kann, dann muss der Gelee aber noch einmal durchkochen.

3 kg Äpfel	waschen, vierteln, Kerngehäuse herausschneiden. Die Äpfel in einem großen Topf mit
½ Zitrone	
1 Zimtstange	
2 Anissterne	
4 Gewürznelken	sowie dem Mark
½ Vanillestange	und
2 l Wasser	kochen lassen, bis das Fruchtfleisch weich ist. Über Nacht im Topf stehen lassen, abgedeckt mit einem Tuch. Am nächsten Tag den Saft durch ein Tuch abgießen und mit
680 g Gelierzucker (2:1)	nach Packungsanleitung zum Kochen bringen. Nach 1 Minute sprudelnder Kochzeit durch ein Drahtsieb passieren und sofort heiß in Gläser abfüllen, die Gläser verschließen und ein paar Minuten umgedreht (auf dem Deckel) stehen lassen.

Für Gelees kann man gerne gefallene oder reifere Äpfel nehmen, die eignen sich besser als frisch gepflückte. Wem diese Prozedur zu aufwändig erscheint, der kann auch naturtrüben Apfelsaft aus der Flasche verwenden.

Überschwemmungsgebiet »Auenland« zwischen der Geißfurtmühle und Niedergründau

Apfelmuffin im Glas

180 g Zucker	werden mit
3 Eier	und
2 EL Apfelschnaps	schaumig geschlagen.
200 g Mehl	mit
1 TL Backpulver	mischen und unterheben, dann
180 g flüssige Butter	einrühren. Nebenbei
300 g Apfelfruchtfleisch	vorbereiten, in Scheiben schneiden, leicht zuckern. Schraubgläser mit Deckel bereitstellen. Die Gläser mit einem Küchenkrepp und
Öl	ausfetten. Teig und Äpfel abwechselnd in etwa drei Schichten in die Gläser schichten. Die Gläser sollten nur zu zwei Drittel gefüllt sein. Bei 175 °C etwa 35 bis 40 Minuten backen. Noch warm mit Deckeln verschließen. Der Kuchen im Glas hält problemlos einige Wochen.

Mit Karamell- oder Vanillesoße und Eis als warmes Dessert servieren.

Eine Biene verrichtet ihre Arbeit im Rapsfeld.

Altwiedermus – Blick zur Ronneburg mit Zeppelin 1952

Kornelkirschkonfitüre

Die Früchte, die »Kornelkirschen« (auch Kornellen genannt) sind botanisch mit der Kirsche nicht näher verwandt. Sie sind zwar wie diese eine Steinfrucht und zwar mit großem, zweisamigem Kern, gehören aber ganz unterschiedlichen Ordnungen des Pflanzenreiches an.

Von Margot und Eberhard Juth, Hüttengesäß

2 kg Kornelkirschen	waschen und knapp bedeckt mit Wasser weich kochen. Noch heiß durch ein Haarsieb streichen und 1 kg Mus abwiegen.
1 Vanillestange	längs aufschneiden und die Schote und das Mark zusammen mit
1 kg Gelierzucker	mischen. Zu dem Mus geben und bei starker Hitze unter Rühren 4 Minuten kochen. Heiß in saubere Gläser füllen und verschließen.

Variation mit Pfirsich

500 g Pfirsiche (reif, entsteint gewogen)	in kleine Würfel schneiden, mit 500 g Kornelkirschmus und
500 g Gelierzucker 2:1	mischen, unter Rühren 3 Minuten kochen, noch heiß abfüllen und verschließen.

Feldstraße in Hüttengesäß – das schön sanierte Anwesen im Vordergrund wurde mit einem Denkmalpreis ausgezeichnet.

Einschulung mit der traditionellen Brezel aus Hefeteig

Erdbeer-Kirschmarmelade mit Zitronenmelisse

Von Stefanie Feld, Orenhofen

350 g Erdbeeren	waschen, vierteln.
350 g Kirschen	putzen, entsteinen. Die Zutaten je nach Belieben stückeln oder pürieren.
3 Stängel Zitronenmelisse	waschen und zusammen mit
2 EL Zitronensaft	und
1 TL Zimt	unter das Obst rühren. Mit
350 g Gelierzucker (2:1)	aufkochen lassen, 3 bis 4 Minuten köcheln lassen. Die Melisse entfernen und noch heiß in saubere Gläser abfüllen. Sofort verschließen.

Essischquetsche (Essigzwetschgen)

Von Inge Nohr, Hüttengesäß

2 kg Zwetschgen	waschen, entkernen.
250 ml Wasser, 250 ml Essig	mit
750 g Zucker	und
1 Zimtstange	aufkochen und über die geputzten Zwetschgen gießen. Am zweiten Tag den Saft abgießen, aufkochen und wieder über die Zwetschgen gießen. Am dritten Tag wieder abgießen, den Saft etwas einkochen lassen, dann die Zwetschgen in zwei bis drei Portionen in den Saft geben und etwas mitkochen. Obst und Saft in Gläser mit Schraubverschluss füllen, für 10 Minuten bei 80 °C einkochen, dann kann man sie zwei Jahre und länger verwenden.

Schmeckt sehr gut zu Meerrettich oder Spinat als süßsaure Beilage.

Meine Mutter legte sie früher immer in Steintöpfe ein, die mit Cellophanpapier zugebunden wurden.

Bärlauchfelder findet man im Auengebiet zwischen Langenselbold und Erlensee.

Bärlauchpaste

Vorsicht beim Sammeln des Bärlauches, die Blätter können leicht mit den Blättern des jungen Ahornstabs oder mit den Blättern des Maiglöckchens verwechselt werden.
Die konzentrierte Würzpaste wertet nicht nur Marinaden für Salate, Gemüsegerichte und Quark auf, sondern schmeckt auch als Brotaufstrich oder als Pesto zu Spaghetti.
Die Bärlauchpaste hält länger als Bärlauchpesto mit Parmesan und Pinienkernen, nämlich bis zu einem Jahr. Dazu muss sie allerdings kühl und dunkel gelagert werden.
Jedes Mal, wenn Sie aus dem Glas etwas Bärlauchpaste entnehmen, sollten Sie darauf achten, dass die verbleibende Paste wieder komplett von Öl bedeckt ist, damit sie nicht verdirbt. Verwenden Sie auf jeden Fall hochwertiges Sonnenblumenöl.
Ein Bund frischer Bärlauch ergibt etwa 20 Gramm Bärlauchpaste. Wenn Sie für ein Rezept die Paste anstelle von Bärlauchpesto verwenden, geben Sie einfach ein wenig geriebenen Parmesan und geröstete Pinienkerne in das Gericht.

Von Adolf Ludwig, Bürgermeister von Limeshain

500 – 600 g Bärlauch	jung sammeln, waschen und trocken schleudern. Die Stiele abschneiden und die Blätter in kleine Portionen aufeinander legen. Erst in dünne Streifen schneiden, dann quer fein hacken.
30 g Salz	in einer großen Schüssel mit
300 ml Sonnenblumenöl	verrühren. Das Salz löst sich auf, sobald der kleingehackte Bärlauch zugegeben wird. Saubere Gläschen mit gut schließendem Deckel mit der Paste füllen. Die Oberfläche glatt streichen und mit 1 cm Öl bedecken.

Büdingen – Befestigungsanlage am Jerusalemer Tor

Altenstadt Rodenbach – hier steht die älteste spielbare Orgel Hessens von 1621.

Maulbeerkonfitüre

Von Margot und Eberhard Juth, Hüttengesäß

1 kg schwarze Maulbeeren	waschen, gut zerdrücken und mit
500 g Gelierzucker (2:1)	mischen. Unter Rühren zum Kochen bringen, 3 Minuten kochen lassen. Heiß in Gläser füllen und verschließen.

Das Aussehen der Maulbeeren erinnert stark an Brombeeren, die Farbe reicht von cremefarben über rot bis zu schwarz.

Preiselbeerkompott

Von Theda Kropf, Hüttengesäß

3 kg frische Preiselbeeren	waschen, verlesen und mit
200 g Zucker	vermengt stehen lassen. Später mit
2 – 3 Nelken	
½ Zimtstange	
250 ml Rotwein	sowie
100 ml Wasser	zum Kochen bringen.
800 g Zucker	zugeben und 30 Minuten kochen lassen.
	Danach sofort heiß in Gläser (randvoll) abfüllen, verschließen und 20 Minuten bei 75 °C einkochen (sterilisieren).

Passt gut zu Wildgerichten und Braten.

Blick zum Bruderdiebacherhof, 1297 vom Kloster Selbold gegründet – im Hintergrund sind die Hochhäuser von Frankfurt zu sehen.

Gelnhausen-Roth – Garten an der Weinbergstraße

Kürbis – süßsauer eingelegt

Von Irmgard Kromm, Hüttengesäß

1 kg Kürbisfleisch	in Würfel schneiden.
250 ml Zitronenessig oder Weißweinessig	zusammen mit
½ l Wasser	
1 Zimtstange	sowie
6 Gewürznelken	aufkochen. Den Saft und Abrieb von
1 Zitrone	zugeben. Die Brühe dann über die Kürbiswürfel gießen, abdecken, 24 Stunden ziehen lassen. Am nächsten Tag
500 g Zucker	dazugeben und den Kürbis auf kleiner Flamme köcheln lassen, bis er glasig ist. Noch heiß in saubere Gläser füllen und verschließen.

Als würzige Basis eignet sich ein solches Relish oder Chutney für vielerlei Gerichte, wie etwa Kürbissuppe, Currysoße. Man kann auf diese Weise auch Birnen interessant konservieren.

Hanau – Neustädter Rathaus mit dem Brüder Grimm Denkmal

Johanniterkirche Rüdigheim – einer der ältesten Kirchenbauten im Altkreis Hanau, 1235 erstmals erwähnt

Ein »Magebutzer« und seine Geschichte

Von der Apothekerfamilie Frank, Langenselbold

In den Herbsttagen des Jahres 1880 brachte unser Urgroßvater, der Apothekerlehrling Emil Köhl aus Meisenheim am Glan, eine Flasche »Magebutzer« zum Ablagern und Reifen auf den Dachboden seines Elternhauses in der Untergasse. Es sollte eine Überraschung für seine Mutter werden. Den »Magebutzer« hatte Emil Köhl selbst hergestellt, das Rezept dazu stammte aus einer alten Rezeptsammlung seiner Lehrapotheke, der 1706 gegründeten Mohren-Apotheke in Meisenheim.

Der »Prinzipal« Julius Schaffner, Apotheker in der sechsten Generation, hatte es seinem Lehrling zum Ausprobieren gegeben. Aber es blieb nicht bei der Zubereitung dieser ersten Flasche: Zunächst nur für die Familie und Freunde hergestellt, erfreute sich der Halbbitter immer größerer Beliebtheit. Emil Köhl, inzwischen Besitzer der Ronneburg-Apotheke in Langenselbold, war ein Freund guten Essens und Trinkens und überlieferte, neben vielen anderen, auch das Rezept für den »Magebutzer«, der später »Alter Ronneburger« genannt wurde.

Nach diesem Rezept – in guten wie in schlechten Zeiten wohlgehütet – stellen wir noch heute nach 130 Jahren den »Ronneburger« her. Er ist ein reines Naturprodukt und enthält die Auszüge aus zwanzig Wurzeln, Kräutern, Rinden, Blüten und Früchten, darunter Tausendgüldenkraut, Enzian, Kalmus, Ingwer, Wacholder, Pomeranzen, Melisse und Zimt. Aufgrund dieser Zusammensetzung wirkt der »Alte Ronneburger« wohltuend nach schweren Speisen. Anregend und gleichzeitig entspannend für Magen, Darm und Nerven ist er ein begehrter Schluck vor und nach dem Essen.

Blick vom Rödelberg nach Langenselbold

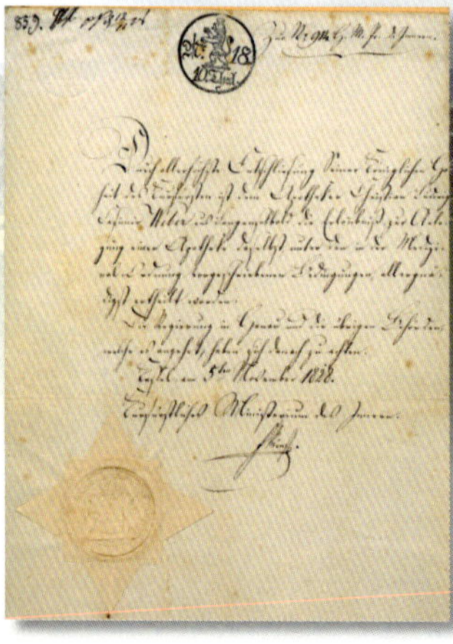

Apothekerkonzession des Christian Ludwig Casimir Weber, Patron der heutigen Ronneburgapotheke in Langenselbold von 1828

Original Hüttengesäßer Glühwein

Von Manfred und Irmtraud Kromm, Hüttengesäß

3 l Rotwein (lieblich)	mit
9 EL Zucker	
4½ Stangen Zimt	und
9 Gewürznelken	auf 70 °C bis maximal 80 °C erhitzen, nicht kochen lassen.

Gleiche Vorgehensweise und Rezeptur wendet man auch für den heißen Apfelwein an – bei uns einfach »Haaße« genannt. Für richtige Hessen das Ideale Getränk für kalte Tage – besonders nach winterlichen Spaziergängen.

Heißer Orangen-Punsch

Von Jutta Schmidt, Neuwiedermuß

750 ml Apfelwein oder Riesling	mit
125 ml Wasser	sowie dem ausgekratzten Mark
1 Vanillestange	und
1 TL Ingwerpulver	
100 g Zucker	erhitzen (nicht kochen), 15 Minuten ziehen lassen. Nach 10 Minuten
250 ml Orangensaft	zugeben. Zuletzt den Saft von
2 Zitronen	zugeben und nach Belieben mit
125 ml Rum (54%ig)	schön heiß servieren.

Die Flüssigkeit darf keinesfalls kochen, sonst gehen die besten Aromastoffe und Gewürze verloren.

Die evangelische Kirche in Breitenborn aus dem Jahre 1860

Begriffserläuterungen

Ablöschen Das Angießen von scharf angebratenem oder geschmortem Fleisch oder Gemüse.

Abschmecken Eine Speise mit den Grundgewürzen Salz, Pfeffer, Zucker usw. nach eigenem Geschmack würzen.

Andünsten/Anschwitzen Ein Lebensmittel in heißem Fett leicht rösten, ohne es zu braten. Das Lebensmittel soll nur glasig werden,
z. B. Zwiebeln.

Ausbraten/Auslassen Den Speck so lange braten, bis das Fett herausgebraten ist.

Blanchieren Zutaten in einem Topf mit kochendem Wasser geben und kurz köcheln lassen.

Emulgieren Eine Mischung von Flüssigkeiten oder Fetten durch Rühren oder Mixen zu einer Bindung bringen.

Garen/Köcheln Eine Speise sollte nicht stark kochen. Die Hitzezufuhr muss so gedrosselt werden, dass nur ein leichtes Aufsteigen von Kochblasen zu sehen ist.

Gratinieren Das Überbacken von Speisen.

Legieren Eigelb und Sahne zu gleichen Teilen verrühren und zum sanften Abbinden in helle Soßen oder Frikassees einrühren, darf nach dem Binden nicht mehr aufkochen.

Karkasse Aus dem Französischen: Carcasse für Gerippe. Karkasse nennt man das nach dem Tranchieren meist kleinerer Tiere zurückbleibende Knochengerüst samt eventuell anhaftender Fleischreste.

Marinieren Ist das Einlegen von Lebensmitteln in eine gewürzte Flüssigkeit, um der Speise einen besonderen Geschmack und bessere Haltbarkeit zu verleihen.

Mehlschwitze Traditionelles Bindemittel von Suppen und Soßen
(Fett zerlassen und Mehl einrühren).

Parieren Fleisch von Fett und Sehnen befreien.

Passieren Flüssigkeiten durch ein Sieb oder Tuch geben.

Pürieren Ein gares Lebensmittel wird stark zerkleinert. Früher war hierfür in vielen Haushalten die »Flotte Lotte« ein beliebtes Haushaltsgerät, z. B. um Apfelmus herzustellen.

Reduzieren Flüssigkeit fast vollständig verkochen lassen (einkochen).

Stocken lassen Das Garen von Eiern oder Eimasse, bei mäßiger Hitze im Topf oder Wasserbad, ohne dabei das Gargut umzurühren.

Wasserbad Ist eine Methode, um Speisen indirekt mit Hitze zu versorgen. Dabei wird der Topf mit den Speisen in einen anderen Topf mit heißem Wasser auf den Herd gestellt.

Zerlassen Butter oder Margarine in einer Pfanne oder einem Topf bei mäßiger Hitze schmelzen, aber nicht braun werden lassen.

Maße und Gewichte

1 kleine Zwiebel	30 g
1 mittlere Zwiebel	50 g
1 große Zwiebel	70 g
1 kleine Kartoffel	70 g
1 mittlere Kartoffel	120 g
½ kg	500 g
1 kg	1000 g
1 Pck. Backpulver	15 g
1 Pck. Vanillinzucker	8 g
1 Pck. Vanillepuddingpulver	40 bis 50 g
1 TL	5 ml
1 EL	15 ml
1 Tasse	150 ml
1 Pfund	500 g

1 Liter	1000 ml / 1000 ccm
¾ Liter	750 ml / 750 ccm
½ Liter	500 ml / 500 ccm
d Liter	375 ml / 375 ccm
¼ Liter	250 ml / 250 ccm
c Liter	125 ml / 125 ccm

Flüssigkeiten (Gewicht bei Wasser)

1 ml = 1 ccm = 1/1000 Liter = (1 g)
1 cl = 10 ccm = 1/100 Liter = (10 g)
1 dl = 100 ccm = 1/10 Liter = (100 g)

Temperaturen

Elektroherd	**Gasherd**
150 °C	Stufe 1
175 °C	Stufe 2
200 °C	Stufe 3
225 °C	Stufe 4
250 °C	Stufe 4

Abkürzungen

Msp.	Messerspitze
EL	Esslöffel
geh. EL	gehäufter Esslöffel
gestr. EL	gestrichener Esslöffel
TL	Teelöffel
geh. TL	gehäufter Teelöffel
gestr. TL	gestrichener Teelöffel
kg	Kilogramm
ml	Milliliter
cl	Zentiliter
dl	Deziliter
l	Liter
ccm	Kubikzentimeter
Pck.	Päckchen
°C	Grad Celsius
TK	Tiefkühlkost

Wichtige Lebensmittel, löffelweise gewogen

Lebensmittel	Wasser	Sahne	Öl	Schmand	Butter	Senf	Salz	Mehl	Zucker	Puderzucker	Semmelbrösel	Käse, gerieben	Honig	Nüsse, gerieben
Teelöffel gestr. in g	5	4	4	5	4	4	4	3	5	4	3	3	4	3
Esslöffel gestr. in g	10	8	8	10	12	12	10	8	10	8	6	4	12	6
Esslöffel geh. in g				25	25	25	20	20	20	16	15	8	20	15

Rezeptregister, alphabetisch

F

G

Wir finanzieren Ihre Wunschimmobilie
nicht nur seriös, zuverlässig und kompetent –
sondern auch zu attraktiven
Konditionen!
Sparkasse
Hanau
ImmobilienCenter
ImmobilienCenter Am Markt 3 63450 Hanau Tel. 06181 298-600 www.simmobiliencenter.de
Das Team (v. l. n. r.): Rupert Grüb, Abteilungsdirektor Baufinanzierung, Oliver Brunkhardt, Gruppenleiter Baufinanzierung,
die Finanzierungsberater Jutta Hänel, Andreas Gramlich, Daniela Winkler, Gabriele Greim, Frank Geibig und Jaqueline Eigner

• Echter Ökostrom zu fairen Preisen
• Ausbau nachhaltiger Energiequellen für aktiven Klimaschutz
• Förderprojekte für erneuerbare Energien im Main-Kinzig-Kreis
• Konsequente Schutzkonzepte für saubere Gewässer
• Denn Ihr Weg ist unser Weg – auch in Sachen Umweltschutz
Wir bringen Ökologie auf den Weg.
Barbarossastraße 26 · 63571 Gelnhausen
Telefon 06051 84-0
www.kreiswerke-main-kinzig.de
Kreiswerke
Main-Kinzig
Unsere Energie. Unser Wasser. Unser Weg.

H

K

L

M

N

O

P

Q

R

S

T

Ü

V

W

Z

Bildquellennachweis

Umschlag vorne:
o.M.: Jürgen Kornaker, **u.M.2:** Ferdinand Graef
Umschlag hinten:
o.M.2: Jürgen Kornaker, **u.M.1:** Ballonclub Kinzig/Andreas Heck, Wolfgang Walther

Seite 5: (kl) Thilo Waitz; **6:** (gr) Ballonclub Kinzig/Andreas Heck, Wolfgang Walther; **8:** (kl) Gemeinde Ronneburg; **9:** (kl) Main Kinzig Kreis; **10:** (kl) Wetteraukreis; **14:** (kl) Heike Schüßler; **21:** (gr) Geschichtsverein Ronneburg; **27:** (gr) Wilfried Kaemper; **28:** (kl) Luftbildfotograf Axel Häsler; **30:** (kl) Ronneburger Radlerinitiative; **31:** (kl) Roland Mandel, (gr) Luftbildfotograf Axel Häsler; **34:** (kl) Nicki Schirm; **35:** (kl) Gerhard Schmidt; **36:** (kl) Gisela Martin; **37:** (kl) Luftbildfotograf Axel Häsler; **40:** (gr) IGHL/Dieter P. Gonze; **45:** (kl) Hanne Schneider; **46:** (kl) Roland Mandel; **54:** (kl) Obst- und Gartenbauverein Ronneburg; **60:** (gr) Klaus Hofacker; **63:** (kl) Thilo Waitz; **70:** (kl) Roland Mandel; **71:** (kl) Walter Reinhart; **74:** (gr) Fritz Erdt, Langenthal, Schweiz (†); **75:** (gr) Fritz Erdt, Langenthal, Schweiz (†); **80:** (kl) Ferdinand Graef; **86:** (gr) Luftbildfotograf Axel Häsler; **87:** (gr) Roland Mandel; **100:** (gr) Herbert und Annette Fischer; **104:** (kl) Thilo Waitz; **105:** (gr) Hans Dachs; **106:** (gr) Hans Dachs; **111:** (kl) Peter Müller; **113:** (kl) Nicki Schirm, (gr) Peter Mertz; **114:** (kl) Hans Dachs; **115:** (kl) Hans Dachs; **116:** (gr) Klaus Euler; **117:** (kl) Matthäus Merian Karte »Wetteraw«; **119:** (kl) Nicki Schirm; **120:** (gr) Hanne Schneider; **121:** (kl) Stephanie Rupp; **124:** (kl) Roland Mandel; **127:** (kl) IGHL/Dieter P. Gonze, (gr) IGHL/Dieter P. Gonze; **133:** (kl) Ballonclub Kinzig/Andreas Heck, Wolfgang Walther; **134:** (kl) Geschichtsverein Ronneburg, (gr) Theda Kropf; **135:** (kl) Nicki Schirm; **138:** (kl) Thilo Waitz; **140:** (gr) Burgmuseum Ronneburg; **141:** (kl) Roland Mandel; **142:** (gr) Günther Rott; **143:** (gr) Kelterei Walther; **149:** (kl) Friedel Itt/Gerhard Kretschmer; **151:** (kl) OGV Diebach am Haag; **153:** (kl) Luftbildfotograf Axel Häsler, (gr) Walter Reinhart; **155:** (kl) Thomas Ruppert/Götz Emmerich; **157:** (kl) Thomas Ruppert/Götz Emmerich, (gr) Thomas Ruppert/Götz Emmerich; **161:** (gr) Geschichts- und Heimatverein Ronneburg e.V.; **164:** (gr) Jürgen Kornaker; **168:** (kl) Hermann Meister; **171:** (kl) D. Schäfer; **172:** (kl) Sascha Krause; **173:** (gr) Herbert und Annette Fischer; **174:** (kl) Klaus Euler; **178:** (gr) Hans-Jürgen Heldmann; **180:** (kl) Constantin Zemke; **182:** (gr) Stephanie Rupp; **183:** (gr) Peter Mertz; **185:** (kl) Klaus Wilke; **187:** (kl) Nicki Schirm; **188:** (kl) Horst Lehr; **189:** (kl) Christel Langer; **190:** (kl) Constantin Zemke; **194:** (kl) Ronneburg-Apotheke

Alle übrigen Fotos stammen von Reiner Erdt (*www.ronnebursch.de*).